Information Report (18)
The Dilemma of Granting the Palestinian Refugees in Lebanon Their Civil Rights

تقرير معلومات (18)

هذا التقرير

يسلط هذا التقرير الضوء على بدايات اللجوء الفلسطيني إلى لبنان وتطور أوضاعهم السكانية، وما هي الحقوق التي أقرتها القوانين والمواثيق الدولية، ثم يتعرض التقرير إلى أهم التشريعات التي أقرتها الدولة اللبنانية المتعلقة باللاجئين الفلسطينيين من تأشيرات الدخول والإقامة، وحق التملك، وقانون العمل... الخ، ويتحدث عن مواقف الأحزاب والقوى اللبنانية تجاه اللاجئين الفلسطينيين وحقوقهم.

ويتناول التقرير الحديث عن الدور الفلسطيني في الدفاع عن تلك الحقوق، والذي تمثل في منظمة التحرير الفلسطينية، والسلطة الوطنية الفلسطينية، والفصائل الفلسطينية، كما ويعرض لدور منظمات المجتمع المدني الفلسطيني في لبنان. ويختم التقرير بالتعريج على الموقف العربي والدولي من حقوق اللاجئين الفلسطينيين في لبنان.

وهذا التقرير هو الإصدار الثامن عشر من سلسلة تقارير معلومات، التي يقوم قسم الأرشيف والمعلومات بمركز الزيتونة بإعدادها. وتهدف هذه التقارير إلى تسليط الضوء في كل إصدار على إحدى القضايا المهمة التي تشغل المهتمين والمتابعين لقضايا المنطقة العربية والإسلامية، خصوصاً فيما يتعلق بالشأن الفلسطيني. وتزود هذه التقارير، التي تصدر بشكل دوري، القراء بمعلومات محدّثة وموثقة ومكثفة في عدد محدود من الصفحات.

رئيس التحرير

مركز الزيتونة للدراسات والاستشارات
Al-Zaytouna Centre for Studies & Consultations
ص.ب.: 14-5034 بيروت – لبنان
تلفون: 644 803 1 961+ | تلفاكس: 643 803 1 961+
www.alzaytouna.net | info@alzaytouna.net

بسم الله الرحمن الرحيم

تقرير معلومات (18)

إشكالية إعطاء اللاجئين الفلسطينيين في لبنان حقوقهم المدنية

رئيس التحرير
د. محسن صالح

مدير التحرير
ربيع الدنّان

هيئة التحرير
باسم القاسم
حياة الددا
صالح الشنّاط
محمد جمّال
وسام أبي عيسى

قسم الأرشيف والمعلومات

مركز الزيتونة للدراسات والاستشارات
بيروت - لبنان

Information Report (18)
The Dilemma of Granting the Palestinian Refugees in Lebanon Their Civil Rights

Prepared By:
Information Department, Al-Zaytouna Centre

Editor:
Dr. Mohsen Moh'd Saleh

Managing Editor:
Rabie el-Dannan

© جميع الحقوق محفوظة

2011 م - 1432 هـ

بيروت - لبنان

ISBN 978–9953–500–93–5

مركز الزيتونة للدراسات والاستشارات

ص.ب: 14-5034، بيروت - لبنان

تلـفون: 44 36 80 1 961+

تلـفاكس: 43 36 80 1 961+

بريد إلكتروني: info@alzaytouna.net

المـوقـع: www.alzaytouna.net

تصميم الغلاف

مروة غلاييني

طباعة

Golden Vision sarl +961 1 820434

فهرس المحتويات

مقدمة

خرج الفلسطينيون من أرضهم إثر المجازر التي نفذتها العصابات الصهيونية سنة 1948، لاجئين إما إلى الضفة الغربية وغزة، وإما إلى الدول العربية المجاورة لفلسطين، ودخل بعضهم إلى الأراضي اللبنانية، اضطراراً لا اختياراً، على أنهم ضيوف إلى حين عودتهم إلى أرضهم، التي ظنُّوا أنها لن تطول، وكذلك كانت قناعة المضيفين.

بعد استقرار اللاجئين الفلسطينيين في لبنان وتوزعهم على مخيمات الشتات، بدأت ملامح الحرمان تلوح في الأفق، في أنهم لن ينالوا الحقوق التي يتمتع بها اللبنانيون على أرضهم، ولن يتمتعوا بالحقوق التي يتمتع بها إخوانهم اللاجئون في الدول العربية الأخرى في الأردن وسورية، فقد منعوا من حق التملك، وحرموا من العمل في أكثر من 70 مهنة، وتم التضييق عليهم في حرية التنقل، إضافة إلى سكنهم المزري في مخيمات اللجوء التي ترفض السلطات اللبنانية أن تتحمل مسؤوليتها، كما أنها لا تتبع للبلديات اللبنانية... إلى غير ذلك من الحرمان من حقوق مدنية واجتماعية نصت عيها المواثيق والقوانين الدولية.

وتشكل مسألة الحقوق المدنية والاجتماعية للاجئين الفلسطينيين أزمة لدى أكثرية الأطراف في لبنان، فكلما سمع صوت ينادي بتعديل القانون والتشريعات اللبنانية حول تلك الحقوق، لوّح البعض بـ"فزاعة التوطين"، وذلك نظراً لصغر مساحة لبنان الجغرافية، واكتظاظ سكانه، والأوضاع الاقتصادية التي أدت إلى هجرة الكثير من شبابه...، إلا أن المنطق والأعراف الدولية تقول بأنه لا علاقة بين التوطين وبين إقرار تلك الحقوق، فإقرارها ليس توطيناً ولا طريقاً إلى التوطين، فهي مطالبة بتمتع اللاجئين الفلسطينيين بحقوقهم المدنية والاجتماعية إلى حين عودتهم إلى ديارهم وحسب.

حاولت الدولة المضيفة لبنان إجراء تعديلات على قوانينها ولوائحها الداخلية، إلا أن ذلك لم يرق إلى المستوى المطلوب من تحصيل الحد الأدنى من تلك الحقوق، لا

سيما أن لبنان بلد يصعب توافق أحزابه وقواه وطوائفه كافة على قرار يتعلق بتحسين أوضاع اللاجئين الفلسطينيين. ومع وجود أحزاب وقوى لبنانية، وهي قلة، نادت بإعطاء اللاجئين الفلسطينيين حقوقهم المدنية والاجتماعية، إلا أن الصوت اللبناني لم يكن يضاهي الصوت الفلسطيني المطالب بإعطائه حقوقه. وقد كرر الفلسطينيون على كافة المستويات طرح مسألة الحقوق عبر عشرات المذكرات، والزيارات للمسؤولين اللبنانيين، وإعداد الندوات، والمسيرات...إلخ

من هنا اختار قسم الأرشيف والمعلومات في مركز الزيتونة للدراسات والاستشارات الحديث في هذا التقرير عن اللاجئين الفلسطينيين في لبنان وحقوقهم المدنية والاجتماعية.

ويسلط هذا التقرير الضوء على بدايات اللجوء الفلسطيني إلى لبنان وتطور أوضاعهم السكانية، وما هي الحقوق التي أقرتها القوانين والمواثيق الدولية، ثم يتعرض التقرير إلى أهم التشريعات التي أقرتها الدولة اللبنانية المتعلقة باللاجئين الفلسطينيين من تأشيرات الدخول والإقامة، وحق التملك، وقانون العمل... الخ، ويتحدث عن مواقف الأحزاب والقوى اللبنانية تجاه اللاجئين الفلسطينيين وحقوقهم.

ويتناول التقرير الحديث عن الدور الفلسطيني في الدفاع عن تلك الحقوق، والذي تمثل في منظمة التحرير الفلسطينية، والسلطة الوطنية الفلسطينية، والفصائل الفلسطينية، كما ويعرض لدور منظمات المجتمع المدني الفلسطيني في لبنان. ويختم التقرير بالتعريج على الموقف العربي والدولي من حقوق اللاجئين الفلسطينيين في لبنان.

أولاً: الخلفية التاريخية

1. بدايات اللجوء الفلسطيني في لبنان:

إثر النكبة التي حلّت بالشعب الفلسطيني سنة 1948، لجأ العديد من سكان المدن والقرى والأرياف الفلسطينية إلى عدد من الدول العربية المجاورة، ومنها: الأردن، وسورية، والعراق، ومصر، ولبنان، ولجأ آخرون إلى الضفة الغربية، وقطاع غزة. وتراوح عدد اللاجئين الفلسطينيين الذين اضطروا إلى المغادرة إلى لبنان بعد النكبة ما بين 100 ألف إلى 130 ألف لاجئ فلسطيني قدم معظمهم قبل إعلان دولة "إسرائيل". وشكل اللاجئون الفلسطينيون في لبنان حينها حوالي 13.8% من مجموع اللاجئين الفلسطينيين الذي قدر عددهم من قبل لجنة الأمم المتحدة الخاصة بفلسطين والمعروفة باسم لجنة كلاب Clapp Committee، بحوالي 760 ألف لاجئ، وذلك في تقرير اللجنة المقدم للجمعية العامة للأمم المتحدة United Nations General Assembly (UNGA) سنة 1949.[1]

وكان من أسباب لجوء الفلسطينيين إلى لبنان، العلاقات الاجتماعية وحالات التزاوج والمصاهرة بين سكان الجليل وشمال فلسطين عموماً واللبنانيين، إضافة إلى التبادل التجاري بين مدينتي عكا وصيدا، عدا عن وجود الأسواق التجارية الحدودية التي كانت تجمع مواطني لبنان وفلسطين في سوق بنت جبيل على سبيل المثال.[2]

2. تطور الأوضاع السكانية للاجئين:

وصل الفلسطينيون بموجات متعددة مهجّرين إلى لبنان، حيث تجمعت أعدادهم في منطقة صور على الأخص، واتخذت مخيم البرج الشمالي ومخيم الرشيدية محطتي انطلاق وانتقال (ترانزيت)، توزعوا منها في المخيمات الأخرى. وتلك الفئة شملها إحصاء اللجنة الدولية للصليب الأحمر في سنة 1948، وإحصاء وكالة الأونروا UNRWA في سنة 1952، وهي مسجلة في سجلات المديرية العامة للأمن العام

اللبناني، والمديرية العامة للشؤون السياسية واللاجئين في وزارة الداخلية والبلديات اللبنانية؛ ولا جدال على شرعية إقامتهم في لبنان، وعليه يمنحون هوية خاصة ووثائق سفر لهم[3].

ويجب الملاحظة أن تعريف الأونروا، التي تأسست في 1949/12/8 وبدأت مهامّها في سنة 1950، للاجئ الفلسطيني يقتصر فقط على اللاجئين المستحقين لخدمات الوكالة، حيث إن التعريف ينص صراحة على أن حق الانتفاع من خدمات الوكالة يشترط أن يكون اللاجئ قد فقد بيته ومورد رزقه نتيجة لحرب 1948[4] ولكن لغايات العودة والتعويض المنصوص عليها في قرار الجمعية العامة للأمم المتحدة رقم 194، فإن عبارة "اللاجئ الفلسطيني" تستخدم بمفهوم أوسع من تعريف الأونروا للاجئ الفلسطيني[5].

يقسّم الفلسطينيون في لبنان إلى ثلاث فئات هي:

أ. **اللاجئون الفلسطينيون المسجلون**: عددهم 425,640 شخص وفق إحصائية الأونروا الصادرة في 2009/12/31[6]. وهذه المجموعة من اللاجئين مسجلة لدى الأونروا والسلطات اللبنانية، وتستفيد من خدمات الأونروا.

ب. **اللاجئون الفلسطينيون غير المسجلين (NR (non-registered**: لا يوجد في الوقت الحاضر رقم متفق عليه عالمياً لعدد اللاجئين الفلسطينيين الذين يفتقدون لاعتراف الأونروا، ولكن الإحصاءات التي تم جمعها من قبل المجلس الدانمركي للاجئين Danish Refugee Council (DRC) في تقريره الذي نشره في سنة 2005 أشار إلى أن عددهم كان آنذاك 35,000. ولم يجر أي إحصاء رسمي لهم بعد سنة 2005[7]. ولا يشتمل تفويض الأونروا هؤلاء اللاجئين لأنه يحتمل أنهم:

- تركوا فلسطين بعد سنة 1948.
- أو تركوا فلسطين ولجؤوا إلى مناطق خارج نطاق عمليات الأونروا.
- أو تركوا فلسطين في سنة 1948 لكنهم لم يكونوا في عوز وحاجة.

وبالتالي فهم لا يتمتعون بخدمات الأونروا بشكل أساسي، لكن بدأت الأونروا بتقديم بعض الخدمات لغير المسجلين، كما أنهم باتوا يحملون أوراقاً ثبوتية من السلطات اللبنانية، وجواز سفر يجدد كل سنة[8].

ج. **اللاجئون الفاقدون للأوراق الثبوتية NON-ID**: ويبلغ عددهم ثلاثة آلاف شخص بحسب دراسة أجراها المجلس الدانمركي للاجئين في 2005، وهم ليسوا مسجلين لدى أي وكالة في لبنان أو مؤسسة دولية، وليسوا حائزين على أي مستندات صالحة تعرّف عن وجودهم القانوني، وبالتالي فإنهم لا يستفيدون من مساعدة الأونروا، وهم يعانون من ظروف اجتماعية واقتصادية صعبة، بسبب انعدام وجود أي مورد رزق ثابت، لعدم تمكنهم من العمل[9].

والجدير بالذكر بأنه لا وجود لمعلومات إحصائية للاجئين في لبنان مستندة إلى مسوحات ديموغرافية شاملة، ولكن هناك معطيات جزئية وتقديرات عامة متباينة، وذلك نتيجة الافتقار إلى إحصاء حديث للمقيمين في لبنان من لبنانيين وغير لبنانيين، وبسبب الاختلاط السكاني الكبير بين الفلسطينيين واللبنانيين، وحصول عدد من الفلسطينيين على الجنسية اللبنانية قدرته الأونروا سنة 1987 بـ 30 ألف شخص[10].

ويوضح الجدول التالي النمو السكاني لأعداد اللاجئين الفلسطينيين حسب سجلات الأونروا[11]

السنة	1950	1955	1960	1965	1970	1975	1980	1985	1990
العدد	127,600	100,820	136,561	159,810	175,958	196,855	226,554	263,599	302,049

السنة	1995	2000	2001	2004	2005	2006	2007	2008	2009
العدد	346,164	376,427	382,973	399,152	404,170	408,438	413,962	422,188	425,640

ويشكل مجموع اللاجئين الفلسطينيين في لبنان لسنة 2009 ما نسبته 8.9% من مجموع اللاجئين المسجلين في الأونروا في مناطق عمل الأونروا الخمس، منهم 53.2% أي 226,533 لاجئاً يعيشون داخل المخيمات، وذلك بحسب الأرقام المنشورة لدى الأونروا في نيسان/ أبريل 2010[12].

من جهة أخرى فإنه لا توجد معطيات إحصائية كاملة بشأن الهجرة الكبيرة التي عرفها اللاجئون إثر الاجتياح الإسرائيلي للبنان في السنة 1982، وإثر وقوع مجازر صبرا وشاتيلا في أيلول/ سبتمبر من السنة نفسها، بالإضافة إلى ما حدث من هجرات إثر حرب المخيمات في الفترة 1985-1987[13]، بحيث تحولت الرغبة الفردية بالمغادرة إلى رغبة جماعية.

وهناك من يرى أن الوجود الفلسطيني في لبنان يشكل تهديداً للتوازن الطائفي الحساس بين المسيحيين والمسلمين، فقد عكست تصريحات الحكومات اللبنانية المتفاوتة إشكالية تعداد اللاجئين الفلسطينيين بصورة دقيقة، نظراً للمشاكل الداخلية المرتبطة أصلاً بالتعداد السكاني اللبناني، وما تثيره قضية الفلسطينيين في لبنان من حساسيات سياسية، الأمر الذي كان له أثره على وضعهم في لبنان. وقد لجأت أطراف لبنانية رسمية إلى الزيادة في تقدير أعداد اللاجئين الفلسطينيين من أجل دعم موقفها المتمثل بعدم قدرة لبنان على استيعابهم، في حين ترغب "إسرائيل" بالتخفيض من أعدادهم بهدف تهميش قضيتهم[14].

يقيم اللاجئون الفلسطينيون في لبنان في 12 مخيماً من بين 16 أنشئت منذ نكبة فلسطين سنة 1948. في حين يقيم باقي اللاجئين في المدن والقرى اللبنانية، بالإضافة إلى تجمعات سكنية جديدة نشأت بسبب تطورات الأوضاع في لبنان[15].

3. حقوق اللاجئين في القانون والمواثيق الدولية:

إذا كانت مشكلة اللاجئين حول العالم قديمة، فإن العمل الدولي لصالح اللاجئين لم يبدأ إلا مع نهاية الحرب العالمية الأولى. ومع تطور طبيعة اللجوء عبر السنوات، تطور تعامل المجتمعات مع اللجوء إلى قاعدة سلوكية حيث أكسبه القانون الدولي العام في القرن العشرين الصفة القانونية، ورتّب عليه آثار، وفرض على أعضاء الأسرة الدولية التقيد بعدة واجبات تجاه اللاجئين. إلا أن هذا النظام تحول لاحقاً من نظام مفتوح إلى نظام قانوني مغلق، يستثني معه معظم لاجئي العالم، ولا سيّما المنحدرين من

العالم الثالث. وعلى هذا الصعيد كان تبنّي بروتوكول 1967، الذي أزال التحديدين الجغرافي والزمني عن معاهدة 1951[16]، والتي تعدّ أول اتفاقية دولية تُعنى بحل مشكلة اللاجئين.

وعرّف معهد القانون الدولي العام سنة 1950 اللجوء بأنه الحماية التي تمنحها إحدى الدول على أراضيها، أو في أي مكان آخر خاضع لسلطتها لأحد الأفراد طالب هذه الحماية. وبالمقابل، حافظ الإعلان العالمي لحقوق الإنسان على سلطة الدولة بمنح اللجوء وعلى حقها في مراقبة دخول الأشخاص إلى إقليمها، وبالتالي في رفض أو قبول طالبي اللجوء نظراً لما تتمتع به من سيادة في هذا المجال[17].

ارتأى المجتمع الدولي، ولا سيّما الدول العربية، استثناء اللاجئين الفلسطينيين من اتفاقية 1951، ومن نطاق عمل مفوضية الأمم المتحدة لشؤون اللاجئين، في خطوة أرادت فيها الأسرة الدولية منح رعاية خاصة للاجئين الفلسطينيين، خوفاً من تهميش قضيتهم والتأثير سلباً على حقهم بالعودة إلى ديارهم، وبهدف تحرير الدول المضيفة لهم من المسؤولية المباشرة تجاههم، ذلك أن الأمم المتحدة مسؤولة مباشرة عن حدوث أزمتهم نتيجة لقرار التقسيم، الذي سبق أن صدر عن الجمعية العامة سنة 1947، وعلى الرغم من هذا الاستثناء فإن معظم الدول العربية لم تنضم إلى اتفاقية 1951[18].

ويذكر أن معاهدة 1951 تضمنت بنداً ينص على ما يلي: "إذا ما توقفت لأي سبب مثل هذه الحماية أو المساعدة ودون أن يكون وضع هؤلاء الأشخاص قد سوّي نهائياً وفقاً لقرارات الأمم المتحدة المتعلقة بالموضوع فإنهم يستفيدون حتماً من أحكام هذه الاتفاقية"[19]. وفي هذا المجال، أكدت المحكمة الفيدرالية الإدارية الألمانية في قرارها المؤرخ في 1991/6/4 أنه إذا توقفت الأونروا لسبب من الأسباب عن تقديم الحماية أو المساعدة للاجئين الفلسطينيين فإن هؤلاء يعتبرون مشمولين حكماً بإطار اتفاقية 1951[20].

وكان المجلس الأوروبي قد ميّز بين اللاجئ الفلسطيني غير القادر على العودة إلى أحدى المناطق الواقعة ضمن نطاق عمل الأونروا، وبين اللاجئ الفلسطيني الذي يخرج بإرادته من إحدى الدول المشمولة بصلاحيات الأونروا، حيث يقتضي إخضاع الأول بصورة آلية إلى معاهدة 1951، وعدم إخضاع الثاني للمعاهدة المذكورة، إلا إذا توفرت فيه الشروط الموضوعية والذاتية لتعريف اللاجئ بموجب هذه المعاهدة[21].

وإلى جانب الحماية التي تقدمها الأونروا للاجئ الفلسطيني، فإنه يستمد هذه الحماية أيضاً من مصادر أخرى كالقانون الدولي الإنساني، ومعاهدة جينيف الرابعة، التي وقّعت عليها "إسرائيل" ولكنها رفضت تنفيذها؛ حيث تنص إحدى موادها على أنه "يحظر النقل الجبري الجماعي أو الفردي للأشخاص المحميين، أو نفيهم من الأراضي المحتلة إلى أراضي دولة الاحتلال، أو إلى أراضي أي دولة أخرى، محتلة أو غير محتلة، أياً كانت دواعيه"[22].

وبغض النظر عن موقف "إسرائيل" تجاه اللاجئين الفلسطينيين، فإنه من المتعارف عليه في القانون الدولي أن قيام دولة ما بأعمال غير مشروعة، كطرد شعب من أرضه ورفض إعادته، يرتب المسؤولية الدولية عليها، ويفرض عليها إصلاح هذا الضرر، حيث تعدّ الجرائم التي ارتكبتها "إسرائيل" بحق الشعب الفلسطيني: جرائم دولية تستوجب المساءلة والمحاسبة باعتبارها جرائم حرب واعتداء واحتلالاً لأراضي الغير بشكل يتنافى مع قواعد ومبادئ القانون المعاصر التي تهدف إلى ضمان وحماية السلم والأمن الدوليين، وتحريم استخدام القوة، باستثناء حق حركات النضال والتحرير الوطنية، التي يحق لها اللجوء إلى القوة المسلحة وغيرها من الحالات المنصوص عليها في ميثاق الأمم المتحدة[23].

في 1965/9/11 تبنت جامعة الدول العربية بروتوكول كزابلانكا(الدار البيضاء) الذي يوفر للفلسطينيين مجموعة من الحقوق لا توفرها معاهدة 1951 للاجئين المعنيين بأحكامها، حيث يتضمن البروتوكول في المادة الثانية منه أحكاماً شبيهة بتلك الواردة

في المادة 13 من الإعلان العالمي لحقوق الإنسان المتعلقة بحق العودة والمغادرة، كما يضمن للاجئين حرية التحرك في الدول المنضمّة إلى جامعة الدول العربية، إلا أن الدول العربية لم تبادر إلى تعديل قوانينها بما يتلاءم مع البروتوكول المذكور[24].

حق العودة: إن معاهدة 1951 لم تتطرق إلى حق العودة إلا بالمعنى السلبي، من خلال حظر طرد اللاجئ، لكن القواعد الدولية التي ترعى اللجوء غالباً ما توفر ثلاثة حلول لقضايا اللاجئين: العودة، إعادة التوطين في بلد ثالث، والدمج في بلد اللجوء، إلا أن الممارسات الدولية قد شجعت في كثير من الأحيان على الدمج وإعادة التوطين. فخضوع اللاجئ لمعاهدة 1951، أو شموله بصلاحية مفوضية الأمم المتحدة لشؤون اللاجئين، يشجع على تجنيس هذا اللاجئ أو دمجه في دول اللجوء على الرغم من قيام المفوضية المذكورة منذ تأسيسها، وبالتعاون مع الحكومات المعنية، بإعادة كثير من اللاجئين إلى أوطانهم[25].

وينص الإعلان العام لحقوق وواجبات الإنسان في مادته الثالثة عشر على أن "لكل شخص الحق في حرية الحركة والعيش داخل حدود أية دولة" و"لكل شخص الحق في العودة إلى بلده"[26]، كما تأكد هذا الحق في المادة 12 للعهد الدولي الخاص بالحقوق المدنية والسياسية[27]. وأكد إعلان القاهرة حول حماية اللاجئين والنازحين الذي أقر في سنة 1992 على حق الأفراد بالمغادرة والعودة إلى الوطن، كما أكد في المادة 9 منه على حق الفلسطينيين بالعودة إلى فلسطين[28].

ويذكر أن فقدان الفرد لجنسيته سواء بالأمر الواقع أو بصورة قانونية لا يعني فقدان حقه بالعودة، وهذا ما أكده القانون الدولي للجوء، حيث دعت اللجنة التنفيذية المنبثقة عن مفوضية الأمم المتحدة لشؤون اللاجئين الحكومات إلى تأمين مستندات السفر الضرورية للاجئين العائدين، وفي حال فقدان اللاجئ لجنسيته، العمل على إعادتها له بما يتوافق مع القوانين المحلية باعتبار أن العائد لم يفقد روابطه مع بلده الأصلي، بل يصار من خلال عودته إلى تنظيم علاقته السابقة مع دولة الأصل[29].

وتعدّ الفقرة 11 من القرار 194 الذي أقر في كانون الأول/ ديسمبر 1948، أكثر النصوص مباشرة في القانون الدولي فيما يتعلق بحق اللاجئين الفلسطينيين في العودة، إذ تنص على "وجوب السماح للفلسطينيين الراغبين في العودة إلى منازلهم والعيش بسلام مع جيرانهم بالعودة في أقرب وقت عملي يسمح بذلك.."[30].

واكتسب هذا القرار قوة الإجماع الدولي الذي حظي به من الدول كافة، بما فيها الولايات المتحدة الأمريكية، إلا أن "إسرائيل" تعترض شرعية هذا القرار لأن قبولها بهذا الحق، يعني تحملها مسؤولية وجود اللاجئين الفلسطينيين، في حين أنها تدعي بأن الدول العربية مسؤولة عن وجود مشكلة اللاجئين، لأنها طلبت من الفلسطينيين إخلاء فلسطين لتحريرها من الصهاينة[31].

وإذا كانت الجمعية العامة للأمم المتحدة قد طرحت في عدة قرارات صادرة عنها، ومنها القرار رقم 513 في 1952/1/26. خيار إعادة التوطين كبديل عملي عن تطبيق حق العودة، فإنها قد اشترطت عدم المساس بالخيار المعطى للاجئين بالعودة إلى ديارهم كما هو وارد في القرار رقم 194.

وفي 1974/11/22 صدر القرار 3236 الذي يعدّ من أهم قرارات الأمم المتحدة فيما يخصّ حق العودة، حيث أكد على الحقوق المشروعة للشعب الفلسطيني، وعلى حقهم بالعودة إلى ديارهم، وأملاكهم التي اقتلعوا منها. ويتميز القرار رقم 3236 عن القرار 194 بأنه وصف حق عودة الفلسطينيين بأنه حق غير قابل للتصرف، أي أنه غير قابل للتنازل أو وضع حد له.

ومع أن القرارات التي تصدرها الجمعية العامة تتخذ، في معظمها طابع التوصية التي لا تتمتع في حد ذاتها بقوة ملزمة، إلا أن هذه التوصية تكتسب صفة الإلزام إذا توافرت فيها ثلاثة شروط: "الحصول على نسبة كبيرة من الأصوات، تكرار تأكيد مضمونها في قرارات لاحقة، وتمثيلها لإرادة مختلف المجموعات الدولية الفاعلة"، أو إذا صدرت "بموافقة الغالبية العظمى من أعضاء الأمم المتحدة، ولا سيّما منهم الدول

المخاطبة أساساً في التوصية"، أو "عندما تكون هذه التوصية كاشفة عن قاعدة قانونية ترتب التزاماً دولياً عاماً وآمراً في مواجهة الجماعة الدولية قاطبة".

يذكر أن "إسرائيل" كانت قد التزمت بإعادة اللاجئين إلى ديارهم بموجب قرار التقسيم رقم 181 الذي كفل حق السكان بمغادرة ديارهم والعودة إليها متى شاؤوا[32].

حق التعويض: إن القرار 194 لم يقتصر على التأكيد على حق عودة اللاجئين الفلسطينيين، وإنما تضمن أيضاً التأكيد على حق التعويض للذين يقررون عدم العودة، حيث ورد "وجوب دفع تعويضات عن ممتلكات الذين يقررون عدم العودة عن كل فقدان أو مصاب بضرر يصيب الممتلكات ويتعين بمقتضى مبادئ القانون الدولي على الحكومات والسلطات المسئولة التعويض عنه"[33]، وهو ما يعرف بالمسؤولية الدولية.

كما ورد في إعلان لاهاي رقم 4 لسنة 1907 وفي الجزء الأول من مسودة القرار الذي تبنّته لجنة القانون الدولي المتعلق بمسؤوليات الدول ما مفاده أن "أي خطأ دولي ترتكبه دولة ما يوجب عليها المسؤولية الدولية".

وتضمن إعلان المبادئ حول تعويض اللاجئين الناجم عن المؤتمر 65 الذي انعقد في القاهرة سنة 1992، مجموعة من المبادئ الرامية إلى تسهيل هذا الأمر على الأشخاص الذين أجبروا على ترك منازلهم في وطنهم وغير القادرين على العودة[34].

تقرير المصير: إن ميثاق الأمم المتحدة يشير صراحة إلى مبدأ حق تقرير المصير كمقصد من مقاصد الأمم المتحدة مباشرة بعد حفظ السلم والأمن الدوليين، حيث تنص الفقرة 2 من المادة الأولى من الميثاق على: "إنماء العلاقات الودية بين الأمم المتحدة على أساس احترام المبدأ الذي يقضي بالتسوية في الحقوق بين الشعوب وبأن يكون لكل منها [حق] تقرير مصيرها، وكذلك اتخاذ التدابير الأخرى الملائمة لتعزيز السلم العام"[35].

وكذلك أكد القرار رقم 2625 الذي صدر في 1970/10/24 على حق تقرير المصير حيث نصّ على أنه "وبحكم مبدأ المساواة في الحقوق وتقرير المصير للشعوب، المكرس في ميثاق الأمم المتحدة، فإن لجميع الشعوب الحق في أن تقرر بحرية، ودون أي

تدخل خارجي، مركزها السياسي وأن تسعى لتحقيق التنمية الاقتصادية والاجتماعية والثقافية، وعلى كل الدول واجب احترام هذا الحق وفقًا لأحكام الميثاق"[36].

ولقد أثبت التاريخ بأن عدداً من الدول تنظر للقرار المذكور على أنه يشكل قراراً ملزماً، نظراً لكونه اتخذ بالإجماع، وباعتبار أنه ارتكز على ميثاق الأمم المتحدة، وأن هذا الإجماع يعطيه قوة القانون سنداً للفقرة "ج" من البند 1 من المادة 38 من النظام الأساسي لمحكمة العدل الدولية، وسنداً للمادة 31 من معاهدة فينا المتعلقة بتفسير وتطبيق المعاهدات التي يتفق عليها الأطراف المعنيون[37].

ويعدّ قرار التقسيم رقم 181 أول تحديد قانوني أو اعتراف مباشر من قبل الأمم المتحدة بالحق الوطني الفلسطيني بتقرير مصيرهم[38]. كما أن الجمعية العامة للأمم المتحدة أعادت وأكدت على مبدأ تقرير المصير في البند الخامس من القرار رقم 2649 الصادر في 1970/11/30 حيث ينص على "أن الأسرة الدولية تعبّر عن قلقها من استمرار الاحتلال الأجنبي وحرمان الشعوب من حق تقرير مصيرها، ولا سيّما شعبي فلسطين وجنوب إفريقيا"[39].

كما أكدت من خلال القرار رقم 3236 الصادر في 1974/11/22 على أهمية ممارسة الشعب الفلسطيني لحقه في تقرير المصير بما ينسجم مع ميثاق الأمم المتحدة وعلى حقه بالاستقلال والسيادة[40].

ولم تكتف الأمم المتحدة بالاعتراف القانوني للشعب الفلسطيني إنما كرست هذا الأمر من خلال اختيار منظمة التحرير الفلسطينية ممثلاً شرعياً للشعب الفلسطيني، وبذلك تكون الجمعية العامة للأمم المتحدة قد قامت بخطوات مهمة من أجل تكريس الاعتراف العالمي بحقوق الشعب الفلسطيني، ولا سيّما حق تقرير المصير، وربطت بين هذا الحق وحق العودة، حيث أكدت أكثر من مرة على أن احترام وتحقيق حقوق الشعب الفلسطيني غير القابلة للتصرف هي مسألة أساسية من أجل تحقيق سلام دائم وعادل في الشرق الأوسط، وأنّ تمتّع اللاجئين العرب والفلسطينيين بحقهم في العودة إلى ديارهم وأملاكهم أمر ضروري ليستطيع الشعب الفلسطيني ممارسة حقه في تقرير المصير[41].

ثانياً: الموقف اللبناني من حقوق اللاجئين الفلسطينيين في لبنان

1. أهم التشريعات التي أقرتها الدولة اللبنانية المتعلقة باللاجئ الفلسطيني:

تنطلق معظم القوانين اللبنانية التي تنظم شؤون اللاجئين الفلسطينيين من مبدأ المعاملة بالمثل الساري بين الدول، وطالما لا توجد دولة فلسطينية تعامل اللبنانيين بالمثل، فإن اللاجئين المتواجدين في لبنان لا يحصلون على حقوقهم في التعليم والطبابة والعمل والضمان الاجتماعي والانتساب إلى النقابات اللبنانية، وبالتالي فإن الحكومة اللبنانية لا تتحمل التبعات السياسية والاجتماعية والاقتصادية للاجئين الفلسطينيين، ولذلك لا تمارس أي دور في إدارة المخيمات والتجمعات الفلسطينية، كما أنه ليس للوزارات أو المؤسسات أو البلديات اللبنانية أي دور تجاه الشؤون الحياتية اليومية للاجئين الفلسطينيين، باستثناء تسجيل اللاجئين، ومنحهم بطاقات هوية وسفر، وخضوع للقوانين اللبنانية من أصول محاكمات وأحوال مدنية وتجارية[42].

ونستعرض فيما يلي أهم القوانين والقرارات المتعلقة باللاجئ الفلسطيني في لبنان، التي أقرتها الدولة اللبنانية، والتي عدتها المؤسسات الحقوقية مجحفة بحق اللاجئين، والتي صنفته كمواطن أجنبي، بل أقل من ذلك، وحرمته الكثير من الحقوق الأساسية التي يحصل عليها أي لاجئ في جميع بلدان العالم، وزادت من معاناته وألمه، دون تقدير للظروف التي جعلته يلجأ إلى هذه البلاد، ودون اعتبار للدور الذي يمكن أن يخدم فيه الدولة اللبنانية على الصعيد الاقتصادي والوطني.

قانون العمل: يعدّ مبدأ المعاملة بالمثل الذي تضعه السلطات اللبنانية كأساس للتعاطي مع اللاجئين الفلسطينيين في قضايا العمل مخالفاً للمعاهدات والاتفاقات التي وقعتها ووافقت عليها الدولة اللبنانية. فمبدأ المعاملة بالمثل مخالف لاتفاقية جنيف الخاصة باللاجئين المعقودة في 1951/7/28 والتي تنص "بعد فترة إقامة ثلاث سنوات يستفيد

17

كل اللاجئين على أراضي الدول الموقعة بإيقاف قانون التعامل بالمثل". وتقول في المادة
(17): "الإجراءات المفروضة على الأجانب أو على عمل الأجانب لحماية السوق
الوطنية لا يعمل بها على اللاجئين". ويخالف بذلك مبدأ المعاملة بالمثل في بروتوكول
الدار البيضاء سنة 1965 الذي ينص على: "أن يعامل الفلسطينيون في الدول العربية
التي يقيمون فيها معاملة رعايا الدول العربية، في سفرهم وإقامتهم وتيسير فرص
العمل لهم"[43].

من المتعارف عليه دولياً أن تقوم الدول بمنح أصحاب الإقامة الشرعية من غير
مواطنيها حق العمل كل وفق مؤهلاته، وهذا الحق بالعمل يمنح ليس لأسباب اقتصادية
وقانونية فقط، بل أيضاً لأسباب نفسية وإنسانية تجعل للأجنبي المقيم قيمة إنسانية
واجتماعية يطمئن بها لغده وقوت أطفاله. ولكن صنف القانون اللبناني الفلسطيني
المقيم في لبنان كأجنبي، واشترط عليه الحصول على إجازة عمل، مع مراعاة مبدأ
المعاملة بالمثل. فهناك أولاً القرار رقم 319 سنة 1962 الصادر عن وزارة الداخلية
اللبنانية، والذي يصف اللاجئين الفلسطينيين على أنهم فئة من الأجانب، ويجب
عليهم الحصول على إذن عمل قبل مزاولة أي مهنة[44]، ولم يضع أي تمييز خاص
للفلسطيني بسبب وضعه الناجم عن الاحتلال الإسرائيلي لأرضه، وعدم قدرته على
ممارسة حق العودة، وعدم اعتراف لبنان بدولة فلسطين، مما أدى عملياً إلى عدم حصول
الفلسطيني على إجازة إلا نادراً[45].

أشارت أرقام وزارة العمل اللبنانية حول إجازات العمل للفلسطينيين في لبنان في
الفترة الممتدة ما بين سنتي 2007 و2009 إلى تراجع في أعداد تلك الإجازات الجديدة
أو تلك التي يعمل إلى تجديدها. ففي سنة 2007 تم إصدار 105 إجازات للفلسطينيين
(102 تجديد إجازة، وثلاث إجازات جديدة)، أما في سنة 2008 فقد تراجع الرقم
إلى 79 إجازة (منها 78 تجديد إجازة، وإجازة جديدة واحدة)، فيما وصلت أعداد
الإجازات إلى 66 إجازة فقط في سنة 2009 (وجميعها تجديد إجازة، ولم تمنح أي
إجازة جديدة)[46].

وكان الحصول على إجازة العمل يتطلب إجراءات عديدة مثل دفع الرسوم الباهظة، وكانت تعطى لسنة واحدة يجبر اللاجئ على تجديدها، كما أنها مختصة بعقد عمل مع جهة محددة، فإذا تبدلت ألغيت صلاحيتها. واعتادت وزارة العمل أن تعاقب الذي يستخدم أجنبياً بعقد عمل أو إجازة صناعية بدون موافقة مسبقة أو إجازة عمل بغرامة مالية مرهقة، الأمر الذي دفع أصحاب العمل اللبنانيين إلى العزوف عن استخدام الفلسطينيين لديهم[47]. وإذا استطاع العامل الفلسطيني الحصول على عمل، فإنه يصطدم بمزاجية أرباب العمل من ناحية حرمانه من حقه في الضمان الاجتماعي والصحي والتعويض والأجر، ويبقى معرضاً للفصل التعسفي في أي لحظة بدون أي غطاء قانوني[48].

أما في حال المهن الحرة كالطب والمحاماة والصيدلة وغيرها، فإن التشريعات اللبنانية تحصر ممارستها ضمن نقابات، لا يستطيع الفلسطيني الانتماء إليها لاشتراطها في أنظمتها الداخلية أن يكون العضو لبنانياً منذ أكثر من عشرة أعوام، أو التزام دولة طالب الانتساب بمبدأ المعاملة بالمثل[49].

إضافة لهذا كان الفلسطيني غير مشمول في الضمان الاجتماعي، الذي يشتمل على ضمانات المرض والأمومة، وضمان طوارئ العمل والأمراض المهنية، ونظام التعويضات العائلية ونظام تعويض نهاية الخدمة. فقد ورد في الفقرة الرابعة من المادة 9 من قانون الضمان الاجتماعي: "لا يستفيد الأجراء الأجانب الذين يعملون على أراضي الجمهورية اللبنانية من أحكام هذا القانون في بعض أو جميع فروع الضمان الاجتماعي إلا بشرط أن تكون الدولة التي ينتسبون إليها تقرّ مبدأ المساواة في المعاملة مع رعاياها فيما يتعلق بالضمان الاجتماعي". وهكذا يلزم الفلسطيني حكماً بالقانون بدفع رسوم الضمان دون التمكن من الاستفادة من تقديماته وخدماته[50].

وفي 1982/12/18 أصدر وزير العمل اللبناني عدنان مروّة القرار رقم 1/289، حصر فيه عدداً من المهن باللبنانيين فقط، وهذه المهن هي[51]:

19

1. المحاماة 2. الطب 3. الهندسة "مهندس" 4. مدير عام 5. مدير 6. نائب مدير 7. رئيس موظفين 8. أمين صندوق 9. محاسب 10. سكرتير 11. موثق 12. أمين محفوظات 13. كمبيوتر 14. مندوب تجاري 15. مندوب تسويق 16. مستشاري تجاري 17. مراقب أشغال 18. أمين مستودع 19. بائع 20. صيرفة 21. صاغة 22. مختبر 23. صيدلي 24. تمديدات كهربائية 25. تركيب زجاج البيوت 26. الأعمال الإلكترونية 27. أعمال الدهان 28. الميكانيك 29. صيانة 30. حاجب 31. ناطور 32. حارس 33. سائق 34. طاهٍ 35. سفرجي 36. حلاق 37. تدريس ابتدائي 38. تدريس تكميلي 39. تدريس ثانوي 40. أعمال هندسية بمختلف الاختصاصات وخاصة رسم هندسي 41. كيل ومساحة، وبصورة عامة كل الأعمال والمهن التي يتوافر لبنانيون لأشغالها.

ومنع الفلسطينيين من العمل كأصحاب العمل: 42. الأعمال التجارية على اختلافها 43. أعمال الصرافة 44. المحاسبة 45. القومسيون 46. الأعمال الهندسية 47. التعهدات 48. تجارة البناء 49. الصياغة 50. صناعة الأحذية 51. صناعة الملبوسات 52. صناعة المفروشات على أنواعها والصناعات المتممة لها فيها 53. تجارة 54. قماش 55. إسفنج مفروشات 56. صناعة الحلويات 57. الطباعة والنشر والتوزيع 58. الحلاقة 59. الكوي 60. الصباغة 61. حدادة السيارات 62. ميكانيك السيارات 63. تركيب زجاج السيارات 64. فرش السيارات 65. كهرباء السيارات.

ويسمح للفلسطيني بالعمل في الأعمال الآتية: 1. أعمال البناء 2. الزراعة 3. عمال الدباغة والجلود 4. عمّال الحفريات 5. عمّال نسيج السجاد 6. عمّال صهر المعادن 7. عمّال التنظيفات في الإدارات غير الحكومية 8. المربيات 9. الممرضات "شرط الحصول على إجازة عمل" 10. خدم البيوت 11. عمّال غسيل وتشحيم السيارات.

بعد تسلم عبد الله الأمين وزارة العمل أصدر في 1993/1/11 قراراً بحصر المهن باللبنانيين ومنع الأجانب، وطبعاً هذا يتضمن الفلسطينيين، بالقرار رقم 1/3، كرر فيه

المواد ذاتها، للأجراء، التي وردت في قرار الوزير مروّة، وأضاف إليها التدريس في المراحل الابتدائية والمتوسطة والثانوية باستثناء تدريس اللغات الأجنبية عند الضرورة، الأعمال الهندسية، السائق، السفرجي... كذلك زاد في فئة أرباب عدد من الأعمال الأخرى. وكرر وزير العمل أسعد حردان، بتاريخ 1995/12/18 بالقرار 1/621، فيما يخص الأجراء وأصحاب العمل البنود ذاتها، التي وضعها الوزير الأمين[52]. فرفعا بذلك عدد المهن المحرمة على الفلسطيني إلى 75. وكرر هذا الأمر من بعدهما وزراء العمل عاصم قانصوه وعلي قانصوه، وذلك طوال عهود الحكومات اللبنانية المتعاقبة حتى سنة 2005 تحت شعار منع التوطين تطبيقاً لمقررات الطائف[53]. واختلف الوزير مروّة عن الوزيران الأمين وحردان في تساهله النسبي بعدد من المهن، وإمكانية إعطاء إذن عمل فيها[54].

من جهة ثانية، نص قرار الوزيرين الأمين وحردان على استثناءات محصورة للأجانب، حيث يمكن استثناء الأجانب ممن يتوافر فيهم أحد الشروط الواردة في المادة 8 من المرسوم 17561 (تنظيم عمل الأجانب)، أي خصوصاً الأجنبي إذا كان مقيماً في لبنان منذ الولادة، أو مولوداً من أم لبنانية أو من أصل لبناني أو إذا كان متأهلاً من لبنانية منذ أكثر من سنة[55].

وفي 2005/6/7 أصدر وزير العمل طراد حمادة مذكرة حملت رقم 1/67 جاء فيها: "بناء على المرسوم 17561 تاريخ 1964/9/18 وتعديلاته تنظيم عمل الأجانب، يستثنى من أحكام المادة الأولى من القرار رقم 1/79 تاريخ 2005/6/2 التي تنص على حصر بعض المهن باللبنانيين، الفلسطينيون المولودون على الأراضي اللبنانية والمسجلون بشكل رسمي في سجلات وزارة الداخلية اللبنانية". وبناء عليه صار بإمكان اللاجئ الفلسطيني الذي ولد في لبنان والمسجل بشكل رسمي في دوائر الدولة اللبنانية أن يعمل في عدد من المهن. إلا أن الأمر لم يستقم على سوية واضحة بسبب استمرار رفض العديد من الوزراء والنواب لأي تساهل مع حق العمل للفلسطيني في لبنان[56].

كما صدر عن الوزير طراد حمادة القرار رقم 1/94 تاريخ 2008/5/24، الذي ألغي بموجبه القرار رقم 1/9 تاريخ 2008/1/15 الصادر عن وزير العمل بالوكالة حسن السبع (منشور في الجريدة الرسمية، عدد 6، تاريخ 2008/2/7)، وكان القرار الذي ألغي قد استثنى من حصرية الأعمال للبنانيّين في مجال الأعمال الإدارية والمصرفية "الخبراء الفنيين المصنفين من الفئة الأولى شرط تقديم إفادة من المؤسسة الوطنية للاستخدام تثبت عدم توفر فني لبناني في هذا المجال"، واستثنى من الحصرية في مجال الأعمال التجارية "عمليات التصدير والاستيراد"، والأعمال الهندسية التي تثبت أنها غير مُضمنة في إطار عمل المهندسين اللبنانيين بإفادة من نقابة المهندسين[57].

وفي 2010/8/17 أقر مجلس النواب اللبناني حق العمل للاجئين الفلسطينيين في كل القطاعات المسموح بها للأجانب[58]. حيث صادق مجلس النواب اللبناني على اقتراح القانون الرامي إلى تعديل المادة 9 من قانون الضمان الاجتماعي، كما قدمته لجنة الإدارة والعدل. والذي يعطي المستفيد من العمال اللاجئين الفلسطينيين حق المعاملة بالمثل، المنصوص عليه في قانون العمل وقانون الضمان الاجتماعي والاستفادة من تقديم تعويض نهاية الخدمة بالشروط التي يستفيد منها العامل اللبناني[59].

وبحسب القانون يجب على إدارة الضمان أن تخصص حساباً منفصلاً مستقلاً لديها للاشتراكات العائدة للعمال الفلسطينيين، على أن لا تتحمل خزينة الدولة أو الصندوق الوطني للضمان الاجتماعي أي التزام أو موجب مالي تجاههم. ولا يستفيد المشمولون بأحكام هذا القانون من تقديمات صندوق ضمان المرض والأمومة والتقديمات العائلية. كما صدّق مجلس النواب على اقتراح القانون الرامي لتعديل المادة 59 من قانون العمل اللبناني الصادر سنة 1946، ويتعلق بإعطاء إجازة العمل للاجئين الفلسطينيين تماماً كباقي العمال الأجانب[60].

رحبت منظمة العمل الدولية ووكالة الأونروا بما حصل في البرلمان اللبناني، ورأتا في بيان مشترك "أن التعديلات التي أدخلت إلى قانوني العمل والضمان الاجتماعي تحمل نتائج ايجابية كثيرة لا سيّما إلغاء شرط المعاملة بالمثل وإزالة العوائق التي تحول

دون حصول الفلسطينيين المسجّلين على إجازة عمل. والأهم من ذلك، سيتمكن الفلسطينيون المسجلون من الحصول على تعويضات نهاية الخدمة من خلال الصندوق اللبناني للضمان الاجتماعي الذي يساهم فيه عنهم أرباب العمل"[61].

حرية الإعلام والنشر: كرس تاريخ الصحافة في لبنان مساراً حراً في إصدار المطبوعات، وتوسعاً في الترخيص للبث الإذاعي والتلفزيوني، كما شكل الإنتاج المسرحي والسينمائي مجالات استثمار لا تتنافس فيها الدولة مع القطاع الخاص، بل تطلق يده بحرية. وشارك صحفيون عرب، وكثرة منهم فلسطينيون، في النهضة الإعلامية في لبنان، خاصة في مراحل الستينات حتى ثمانينيات القرن العشرين، كما نشر الفلسطينيون وطبعوا وبثوا إعلامهم من لبنان بمنابر وصيغ متعددة[62].

وفتحت الصحف أبوابها للعديد من الصحفيين والمحررين الفلسطينيين، وكانوا يصنفون في خانتين:

أ. من يحمل الجنسية اللبنانية، وأصله من فلسطين. فهو لبناني قانونياً، وينطبق عليه القانون اللبناني.

ب. وهو من قسمين: الفلسطيني من لبنان الذي كان يمارس بموجب عقد عمل غير مسجل رسمياً لذا لم يتمتع بما يناله زميله الصحفي اللبناني في المؤسسة ذاتها. أما الآخر فهو الفلسطيني القادم من خارج لبنان وعمل في الصحافة، يحمل جنسية البلد القادم منه كالأردن أو غيرها، وهذا ينطبق عليه مثل غيره من الصحفيين العرب، على أساس مبدأ المعاملة بالمثل[63].

وتشترط المادة 22 من قانون المطبوعات اللبناني أن يكون الصحفي لبنانياً، وبذلك لا يمكن للفلسطيني أن يعتبر قانونياً صحفياً. أما نقابة المحررين، فقد أوردت فوارق، إذ نصت المادة 90 على منع الانتساب لغير اللبناني إلى النقابة، وأجازت للأجنبي أن يمارس التحرير دون الانتساب للنقابة، وسمحت بإعطائه البطاقة الصحفية كمحرر صحفي، واشترطت عليه أن يكون مأذوناً بالإقامة في لبنان وبالعمل فيه، وأن تكون

قاعدة المعاملة بالمثل مطبقة بين بلده ولبنان. وبذلك يمكن لفلسطيني يحمل جنسية دولة تطبق التعامل بالمثل أن يمارس المهنة، في الوقت الذي يستحيل على الفلسطيني المسجل في لبنان ذلك[64].

نصت المادة 31 من قانون المطبوعات على عدم منح رخصة بمطبوعة صحفية سياسية إلا للصحفي، وللشركات الصحفية بمختلف أنواعها المتوفرة فيها الشروط التالية:

أ. في شركات الأشخاص، والشركات المحدودة المسؤولية، يجب أن يكون كامل الشركاء من الجنسية اللبنانية... وبذلك ليس مسموحاً للفلسطيني أن يمتلك رخصة بمطبوعة سياسية.

ب. أن يكون لبنانياً، مقيماً في لبنان، أو متخذاً لنفسه مكاناً للإقامة فيه، متمتعاً بحقوقه المدنية والسياسية، غير محكوم عليه بجناية أو بجنحة من الجنح الشائنة المتعددة في قانون الانتخاب، وألا يكون في خدمة دولة أجنبية"[65].

وإذ كان قانون المطبوعات اللبناني يسمح لأي كان أن يتملك مطبعة، بعد أن يحصل على الترخيص، فإن المادة 13 منه أوجبت أن يكون للمطبعة مديراً مسؤولاً، واشترطت فيه أن يكون لبنانياً. وهذا من جهة يتيح للفلسطيني شراء أو المساهمة في ملكية المطبعة ولكن دون إدارتها[66].

كذلك نصت المادة 12 من قانون حرية الملكية الأدبية والفنية، رقم 75 الصادر في 1999/4/3، أن الأعمال الأدبية والفنية المبتكرة تحظى بالحماية الممنوحة بموجب أحكام هذا القانون للمؤلفين الآتين:

• المؤلفون اللبنانيون أينما كان محل إقامتهم.

• المؤلفون غير اللبنانيين، شرط أن يكونوا من حاملي جنسية إحدى البلدان المنضمة إلى معاهدة برن لحماية الأعمال الأدبية والفنية، أو إلى المعاهدة العالمية لحماية حقوق المؤلف أو من المقيمين فيها.

• المؤلفون رعايا أية دولة عضو في جامعة الدول العربية، وغير منضمة إلى إحدى المعاهدتين المذكورتين أعلاه، شرط المعاملة بالمثل.

وبذلك لا تشمل الفلسطيني المقيم في لبنان لانتفاء توافر الشروط المذكورة.

قانون التملك: كان قانون تملك الأجانب رقم 11614 تاريخ 1969/1/4 قد نص على حق تملك الحقوق العينية العقارية للأجانب كافة. وكانت العديد من العائلات الفلسطينية التي ضاقت عليها أكواخها وحياة المخيمات وواقعها المأساوي اشترت شققاً سكنية وسددت أقساطها للتسجيل بناء على القانون القديم[67].

وفي سنة 2001 تقدمت الحكومة اللبنانية بمشروع تعديل قانون تملك الأجانب في إطار الإصلاحات التي تقدم عليها الحكومة لمعالجة الوضع الاقتصادي، حيث برزت الحاجة إلى تشجيع الاستثمار، وتحفيز المستثمرين والشركات العربية والأجنبية على الاستثمار في لبنان في مختلف المجالات. ورأت الحكومة أن تعديل قانون التملك سيسهل انتقال الشركات والأموال للاستثمار في لبنان. لكن لدى مناقشة القانون في لجنة الإدارة والعدل النيابية وتالياً في الجلسة العامة لمجلس النواب، أبرز بعض النواب مخاوفهم من قضية التوطين وشككوا في أن يكون القانون المعدل الجديد إحدى الأدوات المساعدة على تمرير مشروع التوطين. وقدم أحد النواب إحصائية تظهر شراء الفلسطينيين لعدد من الشقق السكنية معتبراً نسبة الشراء كبيرة. ودعا بعض النواب إلى وضع مادة في القانون تمنع الفلسطينيين من تملك العقارات تحت ذريعة مواجهة التوطين "الذي لا يستطيع لبنان أن يتحمله نظراً لضيق مساحته ولكثافته السكانية ولأوضاعه الاقتصادية التي تؤدي إلى هجرة الشباب"[68].

التعديل الذي أدى لوقوع المواجهة بالإجحاف بحق الفلسطيني في التملك العقاري ورد في المادة (1) من المرسوم رقم 11614 المؤرخ 1969/1/4 الذي أضيف له في القانون الجديد[69] رقم 296 المنشور في الجريدة الرسمية العدد 15 في 2001/4/5[70] نص مفاده "لا يجوز تملك أي حق عيني من أي نوع كان، لأي شخص لا يحمل

جنسية صادرة عن دولة معترف بها، أو لأي شخص إذا كان التملك يتعارض مع أحكام الدستور لجهة رفض التوطين". وهذا الأمر خصص عملياً الفلسطينيين، إذ أنهم المجموعة البشرية التي لم يستكمل الاعتراف بدولتهم، ولا بالجنسية الصادرة عن السلطة الوطنية الفلسطينية، إضافة إلى كونهم الفئة المعنية برفض توطينها، وفقاً للدستور اللبناني الصادر بعد اتفاق الطائف[71].

وجاء الاستثناء الحالي في نص القانون اللبناني ليربط مفهوم امتلاك الفلسطينيين للحقوق العقارية بالتوطين. كل هذا و لم يقدم من المشرع اللبناني أو الفقهاء القانونيين أي تفسير حقيقي لهذا المفهوم وكيفية وصوله لإيقاع التوطين. وقال النائب اللبناني سليم سعادة "كلنا ضد التوطين، ولكن لا علاقة للتمليك بهذه المسألة. المالك قد يكون مواطناً وغير مواطن. لا يجوز الدمج بين الأمرين"[72].

أعطى المجلس الدستوري حق الطعن بالقوانين التي تقرها الأكثرية لعشرة نواب أو أكثر وللرؤساء الثلاثة ولرؤساء الطوائف المعترف بها في لبنان خلال فترة زمنية محددة. واستناداً لهذه القاعدة قدم عشرة نواب في أواخر شهر نيسان/ أبريل 2001 مذكرة إلى المجلس الدستوري تطعن فيها بقانون التملك وخاصة الفقرة الثانية من المادة الأولى والتي تحرم الفلسطيني من التملك ضمناً. إلا أن المجلس الدستوري رد طعن النواب العشرة. وظل القانون على ما هو عليه من دون تعديل أو إلغاء للفقرة التي تحرم الفلسطيني من التملك. وعلل المجلس الدستوري رده هذا بأن القانون إنما يحمي المصلحة العليا للبنان، وأن من حق لبنان أن يقرر وضع القيود لاكتساب اللبنانيين أو بعضهم الحقوق العينية أو العقارية. والمصلحة العليا هي: منع التوطين[73].

بعد رفض المجلس الدستوري لطعن النواب العشرة تقدم عدد من النواب بتاريخ 2001/7/27 بمشروع تعديل لقانون التملك وخاصة تعديل الفقرة الثانية من المادة الأولى والتي تحرم الفلسطيني من التملك ضمناً، وجاء في حيثيات القانون المقترح "وحيث إن الفلسطينيين أنفسهم بكافة فصائلهم ضد التوطين وهم يرغبون بالعودة

إلى وطنهم الوحيد تحت مظلة مطلب حق العودة، وحيث إن أمر اكتساب الجنسية اللبنانية مرتبط بقانون الجنسية فقط وليس بأي قانون أو عمل قانوني آخر كشراء شقة سكنية مثلاً"[74].

لقد كانت حيثيات القانون المقترح واضحة وقوية ومنطقية ومتطابقة مع الدستور، إلا أن المجلس النيابي علل إحالته إلى اللجان المختصة "بأنه بحاجة إلى المزيد من الدراسة". ووضعت على القانون بداية صفة معجل مكرر لكي يطرح في الجلسة التشريعية التالية، وسلمت نسخة إلى رئيس مجلس النواب نبيه بري، إلا أنه انتزعت عنه لاحقاً صفة الاستعجال لكي يدرس لدى اللجان النيابية المختصة على أن يحال لاحقاً إلى الهيئة العامة للمجلس وقبل البدء بالعطلة الصيفية لسنة 2001. إلا أنه لم يدرس لدى اللجان المختصة حينها ووضع في أدراجها بانتظار الإفراج عنه[75].

ورأت منظمة التحرير الفلسطينية، في "مذكرة خاصة بالمطالب الملحة للاجئين الفلسطينيين في لبنان" رفعتها إلى السلطات اللبنانية في نيسان/ أبريل 2005، أن قانون منع اللاجئ الفلسطيني من التملك يشكل انتهاكاً للاتفاقية الدولية للقضاء على جميع أشكال التمييز العنصري[76].

وفي 2010/6/15 تقدم عدد من النواب اللبنانيين باقتراحات قوانين حول إعطاء اللاجئين الفلسطينيين حقوقاً مدنية، شملت حق العمل والتملك والضمان الاجتماعي، وأثارت هذه الاقتراحات انقساماً بين النواب، تميز باصطفاف طائفي بين مسلمين مؤيدين للاقتراحات، وبين مسيحيين رافضين لها، بغض النظر عن انتماءاتهم السياسية[77]. وفي 2010/8/17، تم التوصل إلى حل وسط قضى بتعديل قانون العمل لمنح الفلسطينيين حق العمل والضمان الاجتماعي، وإرجاء البحث في حق التملك[78].

قانون البناء والتعمير: فرضت السلطات اللبنانية على الفلسطيني المقيم في مخيمات اللجوء الحصول على ترخيص في حال أراد ترميم أو بناء منزل جديد، وفي سنة 1994 منعت الحكومة اللبنانية كل أنواع البناء والتعمير، حسب أقوال السيد ليونيل بريسون

Lionel Brisson مدير مكتب الأونروا في لبنان. والذي نتج عنه إلغاء كافة برامج الأونروا الهادفة إلى تعمير وإعادة إسكان اللاجئين الفلسطينيين بلا مأوى في بيروت ومخيمات جنوب لبنان[79].

ومع بداية سنة 1997 فرضت وحدات من الجيش اللبناني حصاراً محكماً على المخيمات في المناطق الجنوبية مانعة بذلك دخول جميع أنواع مواد البناء إلى المخيمات الرسمية. وتم استدعاء العديد من سكان المخيمات بمذكرات جلب بسبب حملهم مواد البناء لترميم بيوتهم. وفي المقابل كان يمنع أي عمل من أعمال البناء أو التصليح في المخيمات غير الرسمية. وعلى الرغم من أن هذه التعليمات تطبق بشدة إلا أن أياً من اللبنانيين المهتمين أو ممثلي اللاجئين الفلسطينيين استطاع الحصول على إجابة واضحة من المسؤولين اللبنانيين، الذين أعلنوا أنهم لا يملكون معلومات عن هذه المشكلة، وأكدوا أنه لا يوجد قرار من السلطات اللبنانية بهذا الشأن[80].

قانون الإقامة والتنقل: لقد خضعت المخيمات الفلسطينية في لبنان منذ نهاية الخمسينيات حتى نهاية ستينيات القرن العشرين (1959-1969) لقوانين الحكم العرفي العسكري، أي تحت السيطرة المباشرة لأجهزة الجيش اللبناني الأمنية (الشعبة الثانية)، وذلك بعد الانتفاضة المسلحة التي انتهت بإسقاط رئيس الجمهورية اللبنانية كميل شمعون. طيلة هذه الفترة مورس على المخيمات قدر من الإجراءات غير الإنسانية لم تكن مبررة ولا مقبولة بكل قيم وحقوق الإنسان، جعلت من كل مخيم "غيتو" منفصلاً عن الآخر لا يسمح التنقل بينها إلا بإذن، ولا يسمح للفلسطينيين التنقل من منطقة في لبنان إلى أخرى إلا بإذن، غير مسموح قراءة جريدة أو سماع الأخبار في مكان عام (مقهى أو مطعم). يعاقب أي تجمع يزيد على شخصين، ممنوع السهر وإبقاء الأضواء مشتعلة لما بعد الساعة العاشرة حتى داخل البيت[81].

منح اللاجئ الفلسطيني منذ الأيام الأولى للنكبة الإقامة المؤقتة، والتي نظمت بالقانون والقرارات الوزارية فيما بعد، حيث تم استثناؤهم من شروط الإقامة المطبقة على سائر الأجانب نظراً لخصوصية وضعهم في لبنان، إلى حين عودتهم إلى أراضيهم

ووطنهم فلسطين. ولكن الظروف الاقتصادية والاجتماعية والمأساوية التي يعيشها اللاجئون الفلسطينيون في لبنان فرضت على العديد منهم مغادرة لبنان كسباً للرزق وسعياً لتأمين حياة أفضل لأبنائهم. فكانت مديرية الشؤون السياسية واللاجئين، وفي إجراء إداري لا يستند إلى قانون، تعمد إلى شطب قيود المهاجرين الفلسطينيين وبالتالي فقدانهم لحق الإقامة في لبنان.

هذا الإجراء زاد الشتات الفلسطيني تشتيتاً من خلال فك ارتباطهم بأسرهم بشكل مناقض لمهام مديرية الشؤون وفق مرسوم تحديد مهامها رقم 927 تاريخ 1959/3/30، المادة الأولى، البند الرابع، "جمع شمل الأسر المشتتة وفقاً لنصوص مقررات الجامعة العربية وهذا ما يشكل خطراً على الهوية الفلسطينية حاضراً ومستقبلاً". وتفيد معلومات غير رسمية أن نحو 17-20 ألفاً قد شطبوا حتى سنة 1992، وتصل التقديرات إلى أكثر من 30 ألف حتى سنة 1999، وذلك تنفيذاً للبلاغ السري الذي صدر في عهد الرئيس اللبناني أمين الجميل، ويقضي هذا البلاغ بشطب وثيقة التعريف من الذين أبعدوا أو اعتقلوا أو سافروا، وذلك على الرغم من أن جامعة الدول العربية أصدرت قرارات تحض الدول العربية على التقيد ببنود بروتوكول الدار البيضاء وتشكلت لجان متابعة واتصال لهذا الغرض[82].

وفي 1995/9/7 صدر القرار رقم 478 يمنع بموجبه دخول الفلسطيني الحامل لوثيقة سفر من لبنان وسافر للخارج باشتراط حصوله على فيزا للعودة[83]. وكان القرار يهدف إلى منع الفلسطينيين الحاصلين على وثائق سفر لبنانية من العودة إلى بيوتهم بعد أن ألغت الحكومة الليبية عقود عملهم وطردتهم لأسباب سياسية، وقدر عددهم بنحو 6000 شخص بينهم نساء وأطفال، ومُنعت السفينة التي كانت تقل عدداً منهم من دخول الميناء اللبنانية. وادعى وزير الداخلية أن القرار لا يزيد عن كونه قراراً يهدف إلى تنظيم تنقل اللاجئين الفلسطينيين من وإلى لبنان. ويتألف القرار من ست مواد تمنع اللاجئين الفلسطينيين من دخول أو مغادرة لبنان بدون إذن خاص، على الرغم من أن اللاجئين الفلسطينيين يحملون وثائق سفر صادرة عن الأمن العام اللبناني[84].

وألغت الحكومة اللبنانية التي ترأسها سليم الحص هذا القرار في كانون الثاني/ يناير 1999 بسبب الضجة التي أثارها والمشاكل اللاإنسانية التي ولدها[85].

ونص المرسوم رقم 7706 الصادر في 1954/12/29 على إعفاء اللاجئين الفلسطينيين من دفع رسوم التأشيرة على جوازات سفرهم، ومن دفع رسوم الحصول على وثائق السفر ورسوم تجديدها، إلا أن ذلك لم يطبق وصدرت مراسيم ضمنت دفع الرسوم، ونص المرسوم رقم 1188 الصادر في 1962/7/28 في مادته 22 تحديداً على أن الفلسطيني معفى من وثيقة السفر عندما يتنقل بين لبنان وسوريا، أما إذا كان يرغب بالسفر إلى باقي الأقطار فعليه الحصول على وثيقة سفر من الجهات المختصة[86].

الحق في تأليف الجمعيات: إن إنشاء الجمعيات حق من الحقوق التي كرسها الدستور اللبناني، إذ نصت المادة 13 من الدستور الصادر بتاريخ 1926/5/23 على أن "حرية إبداء الرأي قولاً وكتابة وحرية الطباعة وحرية الاجتماع وحرية تأليف الجمعيات كلها مكفولة ضمن دائرة القانون"، وأنيط إنشاء تلك الجمعيات بوزارة الداخلية. ويشرع القانون اللبناني وجود وتأسيس جمعيات، بالاستناد إلى القانون العثماني الصادر في 1909 في زمن السلطنة العثمانية، هذا القانون ينص في المادة السادسة منه على منع تأليف الجمعيات السرية، وبالتالي إبلاغ وزارة الداخلية عند تأليف الجمعية عبر رسالة أو بيان يوجه من المؤسسين تحتوي على عنوان الجمعية ومركزها والمكلفين بأمور إدارة الجمعية ومركزهم لدى الجمعية، وبمجرد إرسال هذا البيان إلى الوزارة بالإضافة إلى نظام الجمعية الأساسي واستلامهم من المكلف بإدارة شؤون الجمعية يعطى لهم علم وخبر[87].

منذ الوجود الفلسطيني على الأراضي اللبنانية نشأت روابط ولجان أهلية ذات طابع عائلي أو جهوي، ومن الواضح أن عملية الإنشاء تلك استنسخت من بنية ثقافية عاشها المجتمع الفلسطيني في فلسطين. ومع تطور وتعقيد الوضع الفلسطيني تطورت هذه الروابط وأخذت أشكالاً عديدة ومتعددة، إلا أن هذا التطور من الرابطة

الأهلية إلى المنظمة غير الحكومية اصطدم بعقبة قانونية تمثلت بمسألة الشرعية القانونية لتلك الروابط والمؤسسات[88].

هذه العقبة ما زالت ماثلة إلى اليوم، فالجمعيات الأهلية الفلسطينية المتعددة بقيت أسيرة عدم وجود شرعية قانونية واضحة تسمح لها بالعمل الصريح والواضح في المجتمع الفلسطيني، لجهة التأسيس والتخصصية والجهات المستفيدة منها، فغياب القانون الذي يعطي الشرعية لتلك الجمعية هو امتداد لغياب الوضع القانوني للاجئين الفلسطينيين في لبنان بالدرجة الأولى، وبالدرجة الثانية لغياب النصوص القانونية الخاصة بإنشاء تلك الجمعيات، وعلى الرغم من هذا الغياب إلا أن الجمعيات انتشرت في الوسط الفلسطيني بصورة متسارعة بحيث غطت هذه الجمعيات بأنشطتها مختلف أوجه الحياة[89].

عملت بعض الجمعيات الفلسطينية على الحصول على علم وخبر من خلال التطبيق الشكلي للقوانين اللبنانية، حيث حافظت عليها شكلاً من خلال مراعاة اعتبار أن تكون الجهة المؤسسة التي تتقدم بالطلب مواطنين لبنانيين، وكذلك إيجاد مركز رئيسي للجمعية يعلن عنه خارج المخيم، وفي هذا المركز قامت الجمعيات الفلسطينية بتوظيف عدد من اللبنانيين لإدارة تلك الجمعية، فالهيئة التأسيسية لبنانية بالشكل، أما المضمون فهناك هيئة إدارية لبنانية وهناك هيئة فلسطينية تباشر العمل التنفيذي. بعض الجمعيات الأخرى قامت بإنشاء جمعيات فلسطينية خاصة دون اللجوء إلى تقديم العلم والخبر واعتمدت مركزاً لها داخل المخيمات[90].

التوطين: إن مشاريع التوطين حقيقة واقعية عرفت منذ بداية نكبة فلسطين. وكانت الولايات المتحدة وما تزال هي المسوق الأكبر لهذه المشاريع، ولكن الشعب الفلسطيني رفض وما يزال كل مشاريع التوطين والتعويض محافظاً على حق العودة إلى أرضه ودياره في فلسطين. والعودة حق شرعي ووطني وإنساني كرسته مواثيق المجتمع الدولي وقرارات الشرعية الدولية على امتداد تاريخ نضال الشعب الفلسطيني[91].

شكل الحديث عن توطين اللاجئين الفلسطينيين في لبنان قلقاً عند الأطراف اللبنانية، فهو يتعارض مع مقولات الوفاق الوطني اللبناني الذي يقوم على صيغة التوازن الطائفي الدقيق، ويعزز الوزن الديموغرافي لجماعة دون أخرى، مما يؤدي إلى اختلال التوازن الطائفي، وقد يؤدي إلى إعادة النظر في الإصلاحات السياسية وفي بنية الدولة. لذلك، صرح الرئيس اللبناني الأسبق أمين الجميل بعد أيام من انتخابه، أنه سيعمل على خفض عدد الفلسطينيين المقيمين في لبنان إلى 50 ألفاً[92].

اتخذ السياسيون اللبنانيون إجراءات قانونية ذات مفاعيل مؤثرة على الحياة اليومية لمجموع اللاجئين على الأرض اللبنانية، باتجاه حملهم على المغادرة، أو على الأقل ترسيخ إغلاق أفق أي مستقبل في لبنان، بأية صيغة كانت، بما يمنعهم من التفكير بالبقاء في لبنان، وتنطلق الإجراءات اللبنانية من مفهوم خاص يرى أنه لا يمكن مواجهة التوطين بالتعويل على دور عربي جامع وفاعل، أو عبر المطالبة بحل عادل لقضية اللاجئين استناداً إلى الشرعية الدولية المتمثلة بقرار 194 في ظل التشرذم الحاصل في القوى. لذلك يتم اعتماد صيغة عملية تؤدي بهدوء إلى مغادرة الفلسطينيين لبنان[93].

وبعد توقيع اتفاقية أوسلو في 1993/9/13 اقترح وزير الخارجية اللبناني فارس بويز، خلال مقابلة أجرتها معه جريدة السفير اللبنانية في 1994/4/18، إعادة توطين اللاجئين الفلسطينيين بحيث يتوجه 20% منهم إلى مناطق الحكم الذاتي، ويعاد توطين 25% في أماكن أخرى في الشرق الأوسط، وتوطين الباقي في مناطق تحتاج إلى عمالة مثل أميركا وكندا واستراليا وغيرها[94].

وأثار المشروع الذي طرحه بويز قلق وخوف الفلسطينيين. ورد رئيس هيئة العمل الوطني الفلسطيني في لبنان في منظمة التحرير الفلسطينية صلاح صلاح، في حوار خاص مع جريدة اللواء في 1994/4/19 على المشروع بأن بويز استبق المرحلة التي يجري فيها الحديث عن موضوع اللاجئين لأنه حسب اتفاق مدريد – واشنطن فإنه من المواضيع المؤجلة. كما أصر صلاح على رفض التوطين والتجنيس وعدم الانتقال

إلى أي بلد عربي آخر، ورأى أن الهم الفلسطيني الأكبر هو الصمود والنضال للعودة إلى الوطن والأرض، لأنهم أصحاب حق وأصحاب قرار، ولا يجب التخلي عن هذا الحق، والسبيل الوحيد هو الكفاح. وأضاف، حتى لو تم التوقيع من قبل منظمة التحرير الفلسطينية و"إسرائيل" على اتفاقات معينة فإن هذه الاتفاقات بما تحمله من مضامين لا تقدم حلاً منصفاً وعادلاً وشاملاً لقضية الشعب الفلسطيني، ولا يمكن لأي اتفاقات غير عادلة وغير منصفة أن تتحقق وتنفذ[95].

وجاء في خطاب القسم للرئيس ميشال سليمان في 2008/5/26: "إن رفضنا القاطع للتوطين، لا يعني رفضاً لاستضافة الأخوة الفلسطينيين، والاهتمام بحقوقهم الإنسانية، بل تأسيساً لحق العودة حتى قيام الدولة القابلة للحياة. ولهذا، فإن لبنان، يشدد على ما ورد في المبادرة العربية"[96].

وفيما أكد البيان الوزاري لحكومة فؤاد السنيورة الأولى في عهد الرئيس سليمان في 2008/8/6، على أن الحكومة سوف تعمل "على إنهاء وجود السلاح الفلسطيني خارج المخيمات، ومعالجة قضية الأمن والسلاح في داخل المخيمات، مع تشديدها على مسؤولياتها والتزامها حماية المخيمات الفلسطينية من أي اعتداء". وذكرت أنها سوف تواصل:

الجهود المبذولة لمعالجة المشكلات الإنسانية والاجتماعية للفلسطينيين في لبنان، داخل المخيمات وخارجها، مع ما يقتضيه ذلك من إجراءات وتدابير تعزّز الموقف اللبناني الرافض للتوطين، وتتماشى مع حق الفلسطينيين المقيمين في العيش الكريم. وفي هذا الإطار، ستتابع الحكومة العمل على وضع السياسات التي تخفف من الأعباء الاقتصادية وسواها من المفاعيل السلبية على لبنان. وتعمل على زيادة الدعم العربي الدولي في هذا المجال. كما ستواصل مطالبتها المجتمع الدولي بتحمل كامل مسؤولياته تجاه الفلسطينيين. وستواصل كل الجهود الضرورية من أجل إعادة إعمار مخيم نهر البارد لتأمين الإقامة فيه بكنف السلطة اللبنانية[97].

قانون الجنسية: إن تجنيس الفلسطينيين بدأ منذ خمسينيات القرن العشرين، في عهد الرئيس اللبناني كميل شمعون. وأصدرت الحكومة اللبنانية سنة 1996 ما سمي بـ"قانون الجنسية" أعطت بموجبه الحق لسكان سبع قرى تدخل ضمن حدود فلسطين، تعتبرها السلطات اللبنانية جزءاً من أراضيها وبالتالي يحق لمواطنيها أن يستعيدوا جنسيتهم اللبنانية[98]، وفقاً للمرسوم الصادر في 1994/6/20 الذي منح آلاف الفلسطينيين الجنسية اللبنانية بحجة وجودهم في القرى السبعة[99].

وطبقاً لتقرير وزير الداخلية والبلديات بالوكالة أحمد فتفت، فإن العدد الإجمالي للذين نالوا الجنسية اللبنانية وفقاً للمرسوم 94/5247 هو 157,216 مجنساً نفذ منه فعلاً وفق أرقام الأحوال الشخصية 153,452، وما لم ينفذ ويسجل في سجلات النفوس هو 2305، كذلك سُجل حتى 2006/3/11 إضافات على قيود وخانات المجنسين وفقاً لبيان الأحوال الشخصية ناتجة من الزواج والولادات وصلت إلى 49,075 وبالتالي أصبح الرقم الإجمالي: 153,452+49,075=202,527 من 80 دولة، 65,734 سورياً و32,564 قيد الدرس و14,112 مكتومي القيد و97 فلسطينياً. وقد بلغ عدد المجنسين من القرى السبع 25,071 مواطناً[100].

2. سياسة الأحزاب والقوى اللبنانية تجاه اللاجئين الفلسطينيين:

يتميز لبنان بتعدده الطائفي الذي انعكس على التعددية السياسية في هذا البلد. فباتت الطائفة الدينية مظلة جامعة للأحزاب السياسية من ذات الدين أو المذهب. ولم تكن بعض الفروقات في بعض مفاصل السياسة اللبنانية وبعض مراحلها التاريخية، لتفرز هذه الأحزاب من منطلق التوجه السياسي وإن حدث ذلك في الفترة التي أعقبت اغتيال رئيس الحكومة اللبنانية الأسبق رفيق الحريري في 2005/2/14، وما تبع ذلك من عصف سياسي تمثل أساساً بخروج الجيش السوري من لبنان نهائياً في 2005/4/26[101]، بعد أن بقي لثلاثة عقود عنصراً أساسياً في توجيه السياسة الداخلية

اللبنانية. ولكن وعلى الرغم من الاصطفاف وتلون التحالفات، والتي كان من أكثرها لفتاً للنظر التحالف بين التيار الوطني الحر وحزب الله، فقد بقيت المرجعية الدينية قاسماً مشتركاً وأساسياً خصوصاً في الوسط المسيحي المرتبط بـ"سيد بكركي" الذي يعتبر المرجع الروحي الجامع لكافة الأطياف المسيحية المارونية التي هي الطائفة الأكثر تأثيراً في السياسة اللبنانية.

وقد كان ذلك جلياً من توحد الموقف المسيحي بما يخص الحقوق المدنية والاجتماعية للاجئين الفلسطينيين في لبنان، حين تم طرحها من قبل كتلة اللقاء الديمقراطي بزعامة وليد جنبلاط في جلسة نيابية عقدت في 2010/6/15[102]. وكان جنبلاط قد طرحها من منطلق اهتمامه التاريخي بالقضية الفلسطينية، وما يؤمن به الحزب التقدمي الاشتراكي بخصوص هذه القضية، بحسب ما جاء في تصريح تلفزيوني للنائب عن الكتلة النيابية للحزب التقدمي الاشتراكي وائل أبو فاعور في 2010/6/27[103].

ومن هذا المنطلق يمكننا القول أن موقف الأحزاب اللبنانية الرئيسية من حقوق اللاجئين الفلسطينيين يندرج تحت تقسيم طائفي، مع الإشارة إلى احتمال وجود بعض الفروقات كالتي فرضتها خريطة التحالفات السياسية بعد مرحلة الرئيس الراحل رفيق الحريري، فضلاً عن استخدام الورقة الفلسطينية في المزايدات السياسية، من خلال إظهار الحرص على حقوق اللاجئين الفلسطينيين بالعودة إلى ديارهم، ضمن أي تسوية سياسية للقضية الفلسطينية، والتذرع بالحفاظ على الإجماع اللبناني على رفض التوطين للفلسطينيين، وهو ما سعى إلى التأكيد عليه أبو فاعور في تصريحه المشار إليه آنفاً، إذ شدد على أن "الحزب التقدمي الاشتراكي لا يريد التوطين ولا علاقة للتوطين بما يطرح من حقوق للفلسطينيين"[104].

ففي الحديث عن موقف الأطراف المسيحية المؤثرة في السياسة اللبنانية من حقوق اللاجئين الفلسطينيين، لا بد من الإشارة إلى الموقف الرافض أساساً للوجود الفلسطيني على الأراضي اللبنانية من منطلق العقلية الطائفية؛ إذ خشي المسيحيون منذ اللحظة

الأولى للجوء الفلسطيني إلى لبنان إثر النكبة في سنة 1948، من تغير خريطة النفوذ السياسي، بعد أن ينضم الوجود الفلسطيني ذو الغالبية السنية مسلمة، وهي عقدة تعني طرفاً آخر أيضاً سيأتي ذكره، مما يؤثر على التركيبة الديموغرافية للبنان.

ومن هنا كان منطق المرجعية المسيحية الدينية فيما يخص حقوق الفلسطينيين واضحاً في هذا الاتجاه، إذ على سبيل التوضيح، ذكر بيان الاجتماع الشهري للمطارنة الموارنة، في 2010/7/7، أن رفع حالة البؤس والحرمان التي يعيشها الفلسطيني في لبنان هي مسؤولية المؤسسات الدولية والدولة اللبنانية، مع ربطها بضرورة قيام الفلسطينيين بواجبهم، لجهة تأكيد بسط السيادة اللبنانية حتى على التجمعات الفلسطينية، وضرورة إنهاء الوجود المسلح لهم، دون إغفال حقيقة المخاوف المسيحية من توطين الفلسطينيين وبقائهم في لبنان، وذلك بالإشارة إلى "أن هذه المسألة تقض مضاجع اللبنانيين الذين يخشون من أن تتحول المطالبة الإنسانية إلى قضية سياسية محلية وإقامتهم كلاجئين إلى مقيمين دائمين، ومن أن يؤدي الأمر إلى حرمانهم من حق العودة وفرض توطينهم في لبنان، فيما أبناؤه يهاجرون بداعي الأزمة الاقتصادية والمعيشية وضيق مساحته"[105]. أما موقف الأحزاب السياسية فهي في الأساس لا تخرج عن هذا الاتجاه في أدبياتها الحزبية أيضاً.

فحزب الكتائب اللبناني، الذي يُعدّ من أقدم الأحزاب السياسية اللبنانية، يذكر أنه قدم العديد من أبنائه لمواجهة محاولة منظمة التحرير الفلسطينية السيطرة على لبنان في سنة 1975 وتحويله إلى وطن بديل للفلسطينيين، وأنه استطاع أن يمنع بذلك مشروع توطين الفلسطينيين في لبنان. ومن هذا المنطلق، ومن منطلق الحفاظ على الكيان المسيحي في لبنان، فإن حزب الكتائب يرى ضرورة الاستمرار في مواجهة ما يمكن أن يؤدي إلى توطين الفلسطينيين في لبنان، لما من شأنه التأثير على التوازن الديموغرافي للبنان. ويرى حزب الكتائب أن هذا الملف من أهم الملفات التي يجب أن يواجهها[106]. وهنا لا بد من الإشارة إلى الموقف الذي أطلقه أمين الجميل بعد أيام من انتخابه رئيساً للجمهورية اللبنانية في 1982/9/22، بأنه سيسعى إلى تخفيض أعداد

اللاجئين الفلسطينيين في لبنان، وهو ما يدلل على المخاوف من بقاء الفلسطينيين على الأرض اللبنانية[107].

وحين تم طرح قضية حقوق اللاجئين الفلسطينيين في لبنان بشكل جدي في الجلسة النيابية في 2010/6/15، لم يمانع حزب الكتائب إعطاء الفلسطينيين حقوقاً إنسانية واجتماعية[108]. ورأى الجميّل وجوب بحث الموضوع الفلسطيني بعيداً عن التسييس بين الدولة اللبنانية والسلطة الفلسطينية، إذ رأى أنّ "إقحام هذه المسألة ذات الطابع الإنساني والاجتماعي بسجالات ومزايدات داخلية، لا يصبّ في مصلحة الفلسطينيين"[109].

ومن جهة أخرى فإن حزب الكتائب يمانع إعطاء حق التملك للفلسطينيين، حتى أسوة بالأجانب، لأنه يرى أن ذلك من الأمور التي تسهل عملية التوطين مع وجود ضغوط دولية في هذا الاتجاه، بل إن القيادي في الحزب ومستشار رئيسه سجعان قزي رأى في حوار له مع مجلة الشراع اللبنانية، في تموز/ يوليو 2010، أن الكارثة الوطنية في لبنان ستقع إذا أعطي الفلسطيني امتيازات مدنية جديدة وحقَّ التملك[110].

أما حزب القوات اللبنانية، الذي لا يختلف أيديولوجياً عن موقف حزب الكتائب فيما يخص حقوق اللاجئين الفلسطينيين، فقد تعاطى مع هذه القضية من منظور رفض التوطين، مع عدم ممانعة إعطاء حقوق إنسانية، دون أن يصار إلى دمج الفلسطينيين بالمجتمع اللبناني ومنافستهم للعامل اللبناني، واستفادتهم من الخزينة اللبنانية، وذلك تأكيداً، من منظورهم، على مسؤولية المجتمع الدولي، وتأكيداً على وضع الفلسطينيين كلاجئين مؤقتين على الأراضي اللبنانية[111].

ويرى رئيس القوات سمير جعجع أن إقرار قانون حق العمل للاجئين الفلسطينيين في لبنان في كل القطاعات المسموح بها للأجانب في لبنان "لن يعالج المشكلة الفلسطينية الإنسانية"، إلا أنه يعتبر أن الدولة اللبنانية "لا تستطيع تحمل أي أعباء إضافية" أكثر من

ذلك، وإلا سيقعون كلبنانيين في المحظور، وهو التوطين بشكل أو بآخر، بحسب ما يرى جعجع[112].

كما تشدد القوات اللبنانية على رفض تملك الفلسطيني، وهو ما أكد عليه جعجع، داعياً الحكومة اللبنانية إلى "إنشاء صندوق خاص يعنى بالجوانب المعيشية والإنسانية للفلسطينيين" من مساعدات عربية وأجنبية[113]. وهو ما ذهب إليه النائب عن القوات أنطوان زهرا في حديث تلفزيوني، حيث أشار إلى أنهم "مع ضبط الإقامة الفلسطينية بسكن لائق ضمن إطار المخيمات، على حساب المجتمع الدولي"، للضبط من الناحية الأمنية، ومع التأكيد على أن لبنان غير مستعد لاحتواء أي فلسطيني بشكل نهائي، والتأكيد على حق العودة[114]. كما أن جعجع شدد على أن "الدولة اللبنانية يجب أن تمارس سيادتها أمنياً، وأن تمارس سيادتها على الرعايا الأجانب على أرضها ومنهم الفلسطينيون"[115].

وبالنسبة إلى التيار الوطني الحر، فإن موقفه من الوجود الفلسطيني في لبنان، وموقفه من الحقوق الفلسطينية يتماشى مع النهج المسيحي العام من ناحية رفض التوطين وكل ما يمكن أن يساعد على تمريره.

ويرى رئيس التيار النائب ميشيل عون أن "الموضوع الفلسطيني لا يتجزأ"، وأن المسؤولية عن هذا الموضوع تقع على عاتق الأمم المتحدة و"أمريكا وكندا واستراليا، وكل الكبار الذين صوتوا على قرار تقسيم فلسطين". لافتاً إلى ضرورة المطالبة للفلسطينيين "بحق التجول في العالم وحق العمل في كل الدول التي صوتت على قرار تقسيم فلسطين"، موضحاً أن لبنان لا يمكنه أن يتحملهم مادياً، وهو بهذه الإشارة وكأنه يفضل إعادة تهجير الفلسطينيين إلى بلدان الاغتراب الغنية، تحت حجة تحسين أوضاع الفلسطينيين الاقتصادية وعدم قدرة لبنان على القيام بذلك[116].

ويشدد عون على أنهم مع حق عودة اللاجئين الفلسطينيين. وهو يغمز من قناة كل من يزايد على لبنان ودفعه إلى قبول الواقع الفلسطيني من دول غربية وعربية بقوله

إن "الذين هجروا الفلسطينيين يتكلمون عن الحقوق المدنية ويحمون المغتصب". كما يدعو دول النفط إلى الجرأة وقطع علاقتهم مع أمريكا حامية "إسرائيل" و"يقطعوا عنها النفط، وليتضامنوا على الأقل بالحق الإنساني للشعب الفلسطيني"[117].

وذهب عون أكثر من ذلك حين حذر من "بيع القضية الفلسطينية"، داعياً الدول العربية "إلى توطين الفلسطينيين لديها وليس في لبنان". وهو يؤكد على أن "اللبنانيين يريدون إقرار حق العودة وسيقفون بوجه أي خطة مشبوهة للتوطين"، معلناً استعداده للقتال إلى جانب الفلسطينيين ليستعيدوا أرضهم لا ليخسر اللبنانيون أرضهم[118]. حتى إن عون وجه رسالة إلى الفلسطينيين أنفسهم بعدم مجرد التفكير بالبقاء في لبنان ضمن أي ظروف سياسية قد تفرضها عملية التسوية في الشرق الأوسط بالتأكيد على أن "لبنان بلد هجرة وليس بلد استيطان"، مبدياً استعداده في حال قرر الفلسطينيون التخلي عن حقهم بالعودة والقبول بمبدأ التوطين، أن يدلهم على بلدان الاستيطان التي هاجر إليها القسم الأكبر من الشعب اللبناني[119].

هذه المخاوف أشار إليها أيضاً النائب عن التيار آلان عون، خلال مؤتمر لجمعية "الجهد المشترك" للحوار حول حقوق اللاجئين الفلسطينيين، حين أشار إلى أن مسألة التوطين "ليست وهمية"، بل إنها إرادة "إسرائيل" التي يعبّر عنها الواقع المعاش والتصريحات السياسية كما المفاوضات وإن لم تصل إلى خواتيمها. ملمحاً إلى سياسة منهجية لإضعاف وكالة الأونروا حتى إلغائها، وبالتالي "تطبيع واقع هؤلاء اللاجئين وإدماجهم في المجتمعات التي يعيشون فيها كي يتخلوا عن بلدهم"[120].

ومن الأطراف المسيحية الأخرى هناك النائب دوري شمعون، رئيس حزب الوطنيين الأحرار، الذي يؤكد على أن الحقوق الفلسطينية تستلزم واجبات على الفلسطينيين[121]. ويرى أنه "ليست الدولة اللبنانية وحدها مسؤولة عن الوضع الإنساني غير اللائق في المخيمات الفلسطينية"، مشيراً إلى أن "الوضع الداخلي السلبي متأثر بالإدارة الفلسطينية فيها، التي لا تعطي الشأن الإنساني الاهتمام الكافي". ويذكر أن "الفلسطينيين صرفوا أموالهم لشنّ الحرب على اللبنانيين، وبالتالي لا يحق للمسؤولين

المتاجرة بهذا اللاجئ الموجود في المخيمات، حتى يشعر الناس بالشفقة تجاهه"، مشيراً إلى أنه "من الناحية الأمنية أيضاً، هذه المخيمات ليست خاضعة للقوانين والأمن اللبنانيين"[122]. متسائلاً إن كان من واجب لبنان أن يعطي الفلسطينيين حقوقهم في وقت لا يعترف الفلسطينيون بالدولة اللبنانية. وهو يبين أنه مع الانتظار إلى حين "يصبح الفلسطينيون تحت القانون اللبناني ولا تبقى لديهم شرطة ضمن الشرطة، وتنتهي معاناة الدولة التي تواجه صعوبة في الدخول إلى المخيمات"، إذ حينها يمكن تحسين أوضاع الفلسطينيين، ومنحهم كامل حقوقهم المدنية. وينبه شمعون إلى أن "إعطاء الفلسطينيين حقوقاً إضافية يسهم في التوطين بطريقة غير مباشرة، وهذا الأمر يخالف مبدأ حق العودة، ويخدم إسرائيل التي سترفض عودة الفلسطينيين ما داموا ينعمون بالحقوق الكاملة في البلدان التي يقيمون فيها كأي مواطن عادي"[123].

وفي الحديث عن الأطراف الإسلامية الفاعلة في التركيبة السياسية اللبنانية في ما يخص حقوق اللاجئين الفلسطينيين في لبنان يظهر وكأن الوجود الفلسطيني نوعٌ من المدد السياسي لهذه الأطراف (السنية منها تحديداً) بخلاف ما يحدث على الجانب المسيحي. ولكن وعلى الرغم من ذلك فإن مواقف هذه الأطراف تأرجحت بين الاعتبارات الإقليمية وتحديداً خطي المقاومة والتسوية على صعيد عملية السلام في الشرق الأوسط، أو اعتبارات التحالفات التي برزت بشكل واضح في أعقاب اغتيال رفيق الحريري. فضلاً عن اعتبارات داخلية أخرى تحكمها التركيبة السنية والشيعية، والتي تجلت بوضوح في حقبة ما بات يعرف بحرب المخيمات وما قامت به حركة أمل تحديداً من محاولة اجتثاث الوجود الفلسطيني في منطقة الجنوب اللبناني على الأقل ضمن قراءات سياسية كانت محكومة بالوجود السوري الفاعل في لبنان حينها.

ولكن ذلك لا يعني مطلقاً أن الجانب المسلم من هذه التركيبة السياسية لم يكن ضد قضية التوطين المجمع عليها لبنانياً، ولكن ليس خوفاً من عقدة الوجود كما هي لدى الجانب المسيحي، إنما كانت من منطلق دعم القضية الفلسطينية والتضامن مع قضية عليها أيضاً إجماع فلسطيني، وهي حق العودة بموجب القرار الدولي 194.

ومن هنا كان التطابق بين موقفي حزب الله وحركة أمل محكوماً بسقف التحالف السياسي بينهما، كما ومعظم التيارات المحسوبة على خط ما بات يعرف بخط المقاومة لناحية ضرورة وواجب منح الفلسطينيين كل الحقوق التي تمكنهم من عيش كريم، وإتاحة الفرصة أمامهم لعيش أفضل يساعدهم على الحفاظ على قضيتهم والعمل من أجلها دون الالتفات إلى معارك جانبية.

ذكر حزب الله في الوثيقة السياسية التي تشكل رؤيته السياسية، والتي أطلقها الأمين العام للحزب السيد حسن نصر الله في 2009/11/30، أن ما عاناه الفلسطينيون واللبنانيون جراء اللجوء كان سببه الحقيقي والمباشر الاحتلال الإسرائيلي لفلسطين، وأن معاناة اللاجئين الفلسطينيين في لبنان لم تقتصر على اللجوء، إنما أضيف إليها الحرمان من الحقوق المدنية، وعدم قيام الحكومات اللبنانية بواجبها تجاههم، مما يحكم على السلطات تحمل مسؤوليتها وبناء العلاقات اللبنانية – الفلسطينية على أسس قانونية تراعي المصالح المشتركة، من خلال الحوار اللبناني الفلسطيني المباشر، وتمكين الفلسطينيين في لبنان من التوافق على اختيار مرجعية موحدة تمثلهم[124].

وهو أمر توافق معه الحزب التقدمي الاشتراكي بزعامة وليد جنبلاط كما ذكرنا آنفاً من بوابة الارتباط القومي مع القضية الفلسطينية ضمن فلسفة الحزب منذ إنشائه على يد كمال جنبلاط. كما أن وليد جنبلاط شدد على ضرورة إعطاء حق التملك للفلسطينيين، وهو يستغرب "الاعتراضات على تملك ولو شقة واحدة للفلسطينيين، في حين ثمة حق تملك لباقي العرب"[125].

أما بالنسبة لتيار المستقبل الذي يعد الأكثر تمثيلاً للثقل السني في لبنان، فقد حاول أن يوازن بين قناعاته السياسية التي يرى من خلالها أن الكتلة الفلسطينية في لبنان هي قاعدة شعبية سنية يمكن أن يركن إليها حين الضرورة، وبين هاجس حلفائه المسيحيين من تكتل 14 آذار. لذا سعى إلى المواءمة بين الحالتين من خلال المطالبة بإعطاء الفلسطينيين حق العمل في المهن الحرة، ومعالجة العمل ضمن المهن الخاصة

بما يتوافق مع قوانين النقابات التي ترعى هذه المهن، بالإضافة إلى الاستفادة من تقديمات الضمان الاجتماعي ضمن ضوابط خاصة لا تزيد من أعباء مؤسسة الضمان الاجتماعي اللبناني، والإبقاء على مسؤوليات الأونروا، وتأجيل البحث في قضية تملك الفلسطينيين[126]. كما دعا تيار المستقبل في وثيقته السياسية التأسيسية إلى التمسك بحق عودة اللاجئين الفلسطينيين، ورفض التوطين والتهجير[127].

أما على صعيد الأحزاب السياسية الدينية، والتي من أبرزها الجماعة الإسلامية فإن الجماعة ترى، كما ذكرت في وثيقتها السياسية، الصادرة عن مؤتمرها العام الذي انعقد خلال الفترة 20-2010/6/24، أن بعض القوانين اللبنانية عاملت الشعب الفلسطيني بعنصرية بغيضة تحت حجة التوطين. لذلك فإن الجماعة الإسلامية مع تبني قضايا الفلسطينيين المحقة في لبنان، وعلى رأسها تعديل القوانين التي حرمت الفلسطينيين من الحقوق المدنية والإنسانية[128].

إن قضية الحقوق الفلسطينية في لبنان لم تكن إلا جزءاً من السجال الداخلي اللبناني، وهي باتت مادة للمزايدات السياسية، وإن إغفال الحديث عن بعض الأطراف اللبنانية الأخرى التي لم يرد ذكرها كان من باب التشابه الموضوعي في مقاربة هذا الشأن مع من ذكر من أطراف أساسية لها ثقلها السياسي على الساحة السياسية اللبنانية.

42

ثالثاً: الدور الفلسطيني في الدفاع عن حقوق اللاجئين الفلسطينيين في لبنان

1. منظمة التحرير الفلسطينية والسلطة الوطنية الفلسطينية:

أعدت منظمة التحرير الفلسطينية خلال شهر نيسان/ أبريل 2005 "مذكرة خاصة بالمطالب الملحة للاجئين الفلسطينيين في لبنان"، قدمتها إلى وزارة الخارجية اللبنانية، واقترحت فيها السماح للفلسطيني بتملك شقة في لبنان، وتسهيل عمل الفلسطينيين المقيمين، وإعادة تسجيل الفلسطينيين الذين شطبت قيودهم من مديرية اللاجئين، وتعديل المرسوم 4028 وإعادة تسمية مديرية شؤون اللاجئين الفلسطينيين، وإعادة خانة الجنسية الفلسطينية إلى وثيقة السفر الخاصة باللاجئين الفلسطينيين، والاعتراف بجواز السفر الصادر عن السلطة الفلسطينية، وشمول المخيمات بخدمات الهاتف والاتصالات، والسماح بإدخال مواد البناء والإعمار إلى مخيمات الجنوب اللبناني، وفتح سفارة أو إعادة فتح مكتب منظمة التحرير الفلسطينية. وطالبت بمساواة اللاجئ الفلسطيني بسائر الأجانب من حيث الحقوق والواجبات، والإعفاء من شرط المعاملة التشريعية بالمثل، أو الاستثناء من قوانين الأجانب[129].

وفي 2008/1/7 قدم ممثل منظمة التحرير في لبنان عباس زكي وثيقة سياسية تحت عنوان "إعلان فلسطين في لبنان"، أكد أنها "تحمل الرؤية الفلسطينية للبنان الوطن والشعب ولأوضاع الفلسطينيين المعقدة، كي يطمئن شعبنا إلى مقبل الأيام، ويطمئن لبنان لنا"[130]. والوثيقة تؤكد على الالتزام الكامل وبلا تحفظ بسيادة لبنان واستقلاله وعدم التدخل في شؤونه الداخلية... والإعلان عن التمسك بحزم وثبات بحق العودة، ورفض كل أشكال التوطين والتهجير، مع التمسك بالحق في العيش بكرامة، والإعلان بأن السلاح الفلسطيني في لبنان يخضع لسيادة الدولة اللبنانية وقوانينها،

وعن استعداد منظمة التحرير للتفاهم مع الشرعية اللبنانية على موضوع السلاح وعلى الحقوق المشروعة للاجئين الفلسطينيين في لبنان[131].

وأكد رئيس السلطة الوطنية الفلسطينية محمود عباس في 2009/12/7 خلال زيارة قام بها إلى لبنان بعد لقائه الرئيس اللبناني ميشال سليمان أن الوجود الفلسطيني في لبنان مؤقت، وأن الكلام عن جوازات سفر للفلسطينيين في لبنان غير صحيح، معلناً أن السلطة الفلسطينية تضع نفسها بتصرف الحكومة اللبنانية بالنسبة للأمن وغيرها من القضايا، لافتاً النظر إلى أن وضع الفلسطينيين في لبنان سيبقى على حاله إلى أن تحل القضية الفلسطينية"[132]. وفي حوار مع جريدة الغد الأردنية، أكد عباس:

> أن منح الحقوق الاقتصادية والاجتماعية للاجئين لا يرتبط بالتوطين ولا بالسلاح الموجود بين أيدي بعض الفئات الفلسطينية، ونؤكد هنا أننا لا نطالب بحقوق سياسية في لبنان من حيث الانتخاب وغيره، فهذا أمر مقتصر على اللبنانيين فقط. إن الحقوق المدنية الفلسطينية لا علاقة لها بالتوطين ولا نضعها شرطاً في مسألة السلاح، وإنما هي قضية نطلب من الحكومة اللبنانية أن تلبيها، لأن الإنسان الفلسطيني لا بد له من العيش حياة كريمة إلى أن يغادر لبنان ويعود إلى وطنه[133].

كما طالب رئيس الحكومة الفلسطينية في غزة، في كلمة متلفزة ألقاها في حفل الزفاف الجماعي الذي أقامته حركة حماس في مدينة صيدا اللبنانية في 2010/7/19. بضرورة منح اللاجئين الفلسطينيين في لبنان كامل الحقوق المدنية والإنسانية، وكفالة حق كل لاجئ في حياة كريمة إلى أن يحين موعد العودة إلى فلسطين المباركة، مؤكداً أنه لا تناقض بين هذا المطلب وبين الرفض المطلق للتوطين[134].

وجدد ممثل منظمة التحرير في لبنان عبد الله عبد الله خلال مسيرة "الحقوق المدنية والاجتماعية والاقتصادية للاجئين الفلسطينيين في لبنان" في 2010/6/27، مطالبة اللبنانيين بأن يلتقوا على تأييد الشعب الفلسطيني للحصول على الحقوق الإنسانية التي تتيح العيش الكريم إلى حين العودة لفلسطين، وأشار إلى أن هذه المطالبة لا تزاحم

اللبناني على وظيفته، ولا تلغي التمسك النهائي بالعودة ورفض التوطين، بل هو تحصين للدولة اللبنانية[135].

وعقب التعديل الذي أجراه البرلمان اللبناني في 2010/8/17 على قانون حق العمل فيما يتعلق باللاجئ الفلسطيني وصف عبد الله ما تم إقراره بـ"الخطوة المتقدمة إلى الأمام"، معتبراً أنه "تمت إزالة جزء كبير من العقبات التي كانت تسد الطريق في وجه اللاجئ الفلسطيني. وقال الأهم في المرحلة المقبلة وضع آليات صحيحة لتطبيق ما اتفق عليه، وخاصة لجهة كيفية إدارة صندوق الضمان الخاص باللاجئين"[136].

2. الفصائل الفلسطينية:

هناك نحو عشرين فصيلاً فلسطينياً يمارسون العمل السياسي والإعلامي والجماهيري من داخل المخيمات والتجمعات الفلسطينية في لبنان. وتتفاوت الرؤى السياسية والأيديولوجية لهذه الفصائل. ولا شكّ أن علاقة بعض هذه الفصائل بالمحيط اللبناني علاقة سلبية بسبب تداعيات الحرب اللبنانية وما حُكي عن دور فلسطيني فيها.

في المسألة الحقوقية لا ريب أن الفصائل الفلسطينية تهتم بمسألة الحقوق المدنية والاجتماعية للاجئين الفلسطينيين، وبذلت بعض الفصائل ما يمكنها فعله من زيارات لمسؤولين وإعداد مذكرات بالمطالب الفلسطينية. من ذلك المذكرة التي أعدها تحالف القوى الفلسطينية في 2005/10/8، وقدمها إلى رئيس الحكومة اللبنانية فؤاد السنيورة، وتمحورت حول ثلاثة عناوين: العنوان الأول الحقوق الاجتماعية والإنسانية للفلسطينيين في لبنان، العنوان الثاني متعلق بالحقوق السياسية والعنوان الثالث متعلق بالجانب الأمني، كما ذكر ممثل حركة الجهاد الإسلامي في لبنان أبو عماد الرفاعي[137].

وطالبت المذكرة بالسماح للفلسطينيين في لبنان بممارسة جميع المهن، وإعطاء الفلسطيني حقّ التملك في لبنان، وتعديل قانون التملك الذي استثناه من ذلك، والمساعدة في دفع الأونروا لصيانة وتطوير البنى التحتية للمخيمات وتوفير الخدمات الأساسية لها، والسماح بإدخال مواد البناء إلى المخيمات لترميم البيوت وصيانتها

وتوسيعها، وتنظيم الإجراءات الأمنية في محيط المخيمات، والسماح للاجئ الفلسطيني بممارسة العمل السياسي والإعلامي والثقافي والاجتماعي لصالح القضية الفلسطينية. وشددت المذكرة على ضرورة إعادة تسجيل اللاجئين المشطوبين من القيود في لبنان، ووقف الشطب من القيود لأي لاجئ مسجل في لبنان، ومعالجة قضية فاقدي الأوراق الثبوتية، ومعالجة مشكلة وثائق السفر للمسجلين في الشؤون وغير المسجلين (NR) في الأونروا[138].

وأكدت المرجعيات السياسية والاجتماعية الفلسطينية في لبنان بعد اجتماع عقدته في 2010/3/3 "على ضرورة تعزيز مقومات صمود الفلسطينيين بمنحهم حقوقهم المدنية والاجتماعية، وبما يساهم في تمسكهم بحق عودتهم إلى ديارهم ووطنهم". وخرج المجتمعون بمشروع قانون حول منح الفلسطينيين الحق في العمل، "على أن توضع له الموجبات الضرورية ويقدم إلى الجهات المختصة اللبنانية". وتوافق المجتمعون على تشكيل مرجعية سياسية – اجتماعية موحدة من المجتمعين، للالتقاء دورياً والتوافق على خطة عمل "فتناقشها وتراجعها وتوحد الأداء الفلسطيني بما خص الحقوق". على أن تعمل هذه المرجعية بشكل تكاملي لتساهم في الحصول على الحقوق المدنية والاجتماعية للاجئين الفلسطينيين في لبنان، بالإضافة إلى عدم تجزئة تلك الحقوق، وبالتالي عدم تجزئة كل حق على حدة، والتحذير من تجزئة حق العمل.

ولعلّ أبرز ما خرج به المجتمعون هو مشروع قانون يطالب بإعفاء اللاجئين الفلسطينيين في لبنان من الحصول على إجازة عمل، ويشدد على ضرورة أن يستفيدوا من جميع أحكام قانون العمل وسائر الأحكام القانونية التي ترعى عمل اللبنانيين، ويطالب بإعفاء اللاجئين الفلسطينيين من تطبيق مبدأ المعاملة بالمثل، وإلغاء جميع النصوص المخالفة لهذا القانون أو المتعارضة مع أحكامه[139].

وكان رئيس المكتب السياسي لحركة حماس خالد مشعل قد زار بيروت في 2008/11/3 والتقى "الرؤساء الثلاثة"، وكان على طاولة الحوار مسألة حقوق

اللاجئين الفلسطينيين في لبنان، وقال مشعل: "إن الوجود الفلسطيني في لبنان هو وجود مؤقت"، ودعا الدولة اللبنانية إلى إعطاء الفلسطينيين في فترة لجوئهم المؤقتة ما يحتاجون إليه من حقوق، خصوصاً حق التعليم والصحة والعمل والتملك وفق القانوني اللبناني[140].

وبعد تأجيل البرلمان اللبناني مناقشة اقتراحات بشأن الحقوق الفلسطينية في تموز/ يوليو 2010 عبرت دائرة شؤون اللاجئين في حركة حماس عن قلقها حول قرار البرلمان اللبناني تأجيل مناقشة اقتراحات بشأن إقرار الحقوق الإنسانية والمدنية للاجئين الفلسطينيين في المخيمات اللبنانية، مطالبة بضرورة الإسراع في اتخاذ أي قرار من شأنه توفير سبل العيش الكريمة للاجئين الفلسطينيين في لبنان، وأكدت أنه آن الأوان لإنهاء معاناة هؤلاء اللاجئين، وإعطائهم بعضاً من حقوقهم المدنية، مثل حقهم في العمل والتملك[141].

قامت حركة حماس بجولات على أطراف سياسية وكتل نيابية لبنانية للمطالبة بالحقوق المدنية والإنسانية للاجئين الفلسطينيين، وعملت على إعداد مذكرة تفصيلية، تتضمن المطالب الفلسطينية حول هذا الموضوع، وجهتها الحركة إلى القادة السياسيين في الداخل (لبنان)، كما وجهتها إلى الزعماء العرب في الخارج.

وأكدت حركة حماس في مذكرتها التمسك بحق العودة إلى فلسطين لا غير، ومحاربة التوطين وتذويب هوية اللاجئين الفلسطينيين؛ لكنها أكدت في المقابل أن هؤلاء اللاجئين يواجهون ظروفاً معيشية بالغة الصعوبة، منتقدة في الأساس "قوانين تحرمهم أبسط حقوقهم المدنية والإنسانية بذريعة مواجهة مشاريع التوطين". وتشدد على أن حق العودة لا يتعارض مع إعطاء اللاجئ حقوقه المدنية تحت ذريعة مواجهة التوطين. وترى حماس أن معالجة الموضوع يجب أن تتم في إطار غير جزئي "أي شمولي"، وتلفت الانتباه إلى أنها ترفض فصل حق التملك والضمان الاجتماعي عن باقي الحقوق المدنية للفلسطينيين في لبنان، مثلما تهدف إلى إقرار قوانين وتشريعات في

إطار عقد عمل شامل ومفتوح، يستثني القطاع العام في البلاد. وتؤكد، في المقابل، أن حصر العلاقة في زاوية ضيقة يحول دون تفاعل فلسطيني – لبناني خلاق من أجل تحقيق العودة. وتجمل المذكرة الحقوق المحروم منها اللاجئ الفلسطيني في لبنان. وتطالب بإعطاء الفلسطينيين في لبنان حق العمل، والتملك، والعمل السياسي لصالح القضية الفلسطينية[142].

وعقب التعديل الذي أجراه البرلمان اللبناني في 2010/8/17 على قانون حق العمل فيما يتعلق باللاجئ الفلسطيني في لبنان رأت حماس على لسان المسؤول السياسي للحركة في لبنان علي بركة أن "إقرار المجلس النيابي قانونَ العمل الخاص باللاجئين الفلسطينيين خطوة ناقصة وغير كافية ولا تلبي مطالب شعبنا في لبنان". وطالب الكتل البرلمانية والأحزاب "القيام بخطوات تجيز للاجئ الفلسطيني العمل في القطاع بكل مجالاته". وأشار إلى أن "اللاجئين الفلسطينيين في لبنان لم يحصلوا على حقوقهم المدنية والإنسانية"، مطالباً بالعمل على تصحيح الخلل القائم الذي يحرمهم من أبسط هذه الحقوق[143].

وطالبت الحركة في بيان أصدرته في 2010/8/18 "المسؤولين في لبنان بسرعة العمل على إقرار كامل الحقوق المدنية للاجئين الفلسطينيين لتأمين عيشهم الكريم مع أشقائهم من أبناء الشعب اللبناني، باعتبارها ضرورة لحفظ كرامة الإنسان الفلسطيني وعاملاً أساسياً لمواجهة مشاريع التوطين والتهجير وتعزيز صمود اللاجئين من أجل العودة إلى وطنهم فلسطين"[144].

من جهته، أكد أمين سر حركة فتح في لبنان فتحي أبو العردات أن استمرار معاناة الفلسطينيين لا تخدم إلا التوطين، وذكر أن من يريد للفلسطيني أن يعود إلى أرضه لا بد أن يعطيه حقوقه حتى يستمر في نضاله حاملاً لواء العودة[145]. وقال: "أشعر أن الفلسطينيين في لبنان يضطهدون اضطهاداً ممنهجاً، فقانون تنظيم عمل العمال الأجانب الذي صدر عام 1974 يقول: تحصر المهن التالية باللبناني دون سواه (74 مهنة)

ويستثنى من أحكام هذا القرار المولود في لبنان، المتزوج من لبنانية منذ أكثر من عشر سنوات، وكل الفلسطينيين تقريباً الموجودين في لبنان مولودون فيه". وتابع: "لقد غيبت التشريعات والمراسيم حتى يمارَس على الفلسطيني نوع من الاضطهاد من أجل تهجيره، وعندما نقول لا نريد التوطين، نقول أيضاً أننا لا نريد التهجير، الفلسطيني متمسك بحق العودة"[146].

كما أكد ممثل حركة الجهاد الإسلامي في لبنان أبو عماد الرفاعي في زيارة لرئيس الحزب التقدمي الاشتراكي النائب وليد جنبلاط "أن مواجهة التوطين تقتضي التوقف عن التعاطي مع المخيمات من الزاوية الأمنية، والتعاطي مع قضية اللاجئين بحقيقتها كقضية سياسية"، مثنياً على المواقف اللافتة التي أطلقها النائب جنبلاط بخصوص الحقوق الفلسطينية، معتبراً أن هذه المواقف تصب في مصلحة تحسين أوضاع اللاجئين الفلسطينيين ودعم صمودهم[147].

من جهته، يؤكد مسؤول ساحة لبنان في الجبهة الشعبية لتحرير فلسطين مروان عبد العال على أن:

هناك إحساس وشعور بالاضطهاد لدى الإنسان الفلسطيني في لبنان، وهو ناتج عن سياسة الإغلاق التي تمارَس على واقع المخيمات الفلسطينية في لبنان على كافة المستويات، فعندما يشعر الإنسان أنه يتهمش، فإن هذا الشعور يكون خطراً على لبنان وعلى فلسطين وعلى القضية الفلسطينية، لأن من يريد مواجهة التوطين، يخطو الخطوة الأولى باتجاه إعطاء قيمة للإنسان الفلسطيني، والتجربة أكدت بأنه عندما تعطى الكرامة للإنسان يصبح أكثر تمسكاً بقضيته الوطنية ولا يتخلى عنها[148].

وقامت الجبهة الديمقراطية لتحرير فلسطين في لبنان بمناقشة الحقوق المدنية للاجئين الفلسطينيين من خلال الزيارات المتكررة لمسؤولين لبنانيين، وعبر المذكرات التي أرسلت إلى المسؤولين اللبنانيين.

وعقب التعديل الذي أجراه البرلمان اللبناني في 2010/8/17 على قانون حق العمل فيما يتعلق باللاجئ الفلسطيني في لبنان رأت "الديمقراطية" أن القانون "لا يشكل الحد الأدنى من حقوق الفلسطينيين في لبنان، وهو قانون عبارة عن تجميل لسياسة الحرمان المتواصلة من قبل الدولة اللبنانية، على رغم عشرات المذكرات التي أرسلت إلى المسؤولين اللبنانيين"[149]. وأكدت الجبهة في مذكرة أرسلتها في كانون الأول/ ديسمبر 2010 إلى القادة السياسيين في لبنان، والهيئات الروحية والنقابية والإعلامية والرأي العام اللبناني، أن القانون "أبقى عملياً على الحال التمييزية من خلال إجازة العمل، وتجاهل حقوق العاملين في المهن الحرة بما يؤدي إلى تقصد إبقاء فئة كبيرة من الشعب الفلسطيني رازحة تحت وطأة الحرمان من حق العمل"[150].

وذكرت الجبهة الديمقراطية أن منع الفلسطينيين من التملك ولّد مئات المشكلات التي ما تزال من دون حل، وأن "هذه المعضلة هي الوجه الآخر لسياسة التمييز حيال الشعب الفلسطيني". وأشارت إلى أن "أساس الحل يكمن في استثناء الفلسطيني من مبدأ المعاملة بالمثل لانتفاء موجباته الموضوعية بسبب عدم وجود دولة فلسطينية مستقلة ذات سيادة"[151].

وانتقدت الجبهة الشعبية لتحرير فلسطين — القيادة العامة، في بيان "رفض بعض الأطراف منح الحقوق المدنية والإنسانية للفلسطينيين في لبنان". ونبهت الجبهة إلى خطورة استمرار تلك السياسات العنصرية والطائفية"، مؤكدة "سقوط كل الذرائع والمحاولات الخبيثة لسحب السلاح الفلسطيني في لبنان"[152].

3. منظمات المجتمع المدني الفلسطيني في لبنان:

منذ أن وضعت الحرب الأهلية في لبنان أوزارها في مطلع تسعينيات القرن العشرين، شرعت الجمعيات الأهلية الفلسطينية في لبنان في حركة مدنية متضافرة لنيل حقوق اللاجئين الفلسطينيين الاجتماعية والاقتصادية والإنسانية. وعلى الرغم من المذكرات والبيانات واللقاءات والتظاهرات التي لم تتوقف طوال أكثر من خمس

عشرة سنة، فإن أي تجاوب لبناني إيجابي لم يتحقق في هذه الفترة. وفي غمرة الأمل الذي تطلع إليه الفلسطينيون في هذا الشأن، فإن الهيئات المدنية الفلسطينية ما زالت تواصل نضالها الدؤوب في سبيل نيل حقوقها البديهية[153].

ففي 2010/4/12 أعدت منظمات فلسطينية ولبنانية غير حكومية تقريراً مشتركاً، وقدمته إلى مكتب المفوض السامي لحقوق الإنسان، بمناسبة انعقاد الدورة التاسعة للمراجعة الدورية الشاملة 2010. وقد تناول التقرير حالة حقوق الإنسان، للاجئين الفلسطينيين في لبنان، وجاء في التقرير التوصيات التالية[154]:

حق العمل: أوصت المنظمات الحكومة اللبنانية بأن تعتمد مسودة القانون المقترحة من المنظمات واللجان الفلسطينية في آذار/ مارس 2010، والتي تعفي اللاجئين الفلسطينيين المسجلين رسمياً في وزارة الداخلية اللبنانية من ضرورة الحصول على رخص عمل من وزارة العمل، وتسمح لهم بالاستفادة من قانون العمل على قدم المساواة مع العمال اللبنانيين، ويتضمن ذلك الاستفادة من تقديمات الضمان الاجتماعي، وتعفي اللاجئين الفلسطينيين من تطبيق مبدأ المعاملة بالمثل.

حق التملك: أوصت المنظمات الحكومة اللبنانية بضرورة إنهاء التمييز عبر تعديل قانون سنة 2001 بهدف السماح للاجئين الفلسطينيين بإعادة تملك العقارات.

الحق في الشخصية القانونية: أوصت المنظمات الحكومة اللبنانية باتخاذ قرار يمنح أوراقاً ثبوتية للاجئين الفلسطينيين فاقدي الأوراق الثبوتية.

الحق في حرية التنقل: أوصت المنظمات الحكومة اللبنانية بتسهيل دخول وخروج اللاجئين الفلسطينيين المقيمين في لبنان من وإلى كافة المخيمات من أجل احترام الحق في التنقل عبر إنهاء المعاملة العسكرية للمخيمات والقيود العسكرية المفروضة بما فيها إزالة السياج من حول المخيمات. كما أوصت بإيقاف العمل بنظام التصاريح العسكرية المطلوبة لدخول مخيم نهر البارد.

منع الحجز التعسفي والحق في المحاكمة العادلة: أوصت المنظمات الحكومة اللبنانية بإطلاق كل محتجز غير متورط جرمياً على الفور، وتأمين محاكمة عادلة لهؤلاء المثبتة إدانتهم في محكمة نزيهة ومستقلة مع الأخذ بعين الاعتبار أن أي اعتراف يتم تحت الإكراه بالتهديد يعتبر باطلاً ولاغياً. كما أوصت بتأمين مساعدة فورية وجدية عبر ضمان التمثيل القانوني والزيارات العائلية الدورية والرعاية الطبية والصحية للمحتجزين كافة، وفتح تحقيقات فورية للتحقق من الظروف التي أدت إلى حالات وفاة بين الفلسطينيين المحتجزين.

الحق في السكن الملائم/ اللائق: أوصت المنظمات الحكومة اللبنانية بتطوير سياسات واضحة تعالج معايير السكن اللائق للاجئين الفلسطينيين، وإشراك البلديات حول المخيمات في تعزيز بنية المخيمات التحتية وربطها بالبنية التحتية بالبلديات، والسماح بدخول مواد البناء إلى المخيمات من أجل صيانة المنازل وإعادة بنائها والسماح أيضاً بدخول الأثاث المنزلي والمعدات الطبية على حد سواء، والتعويض على سكان نهر البارد الذين تهجروا وخسروا منازلهم ونشاطاتهم الاقتصادية بسبب الحرب، واتخاذ كافة التدابير لتسريع إعادة إعمار مخيم نهر البارد وتسهيل عودة سكانه.

وفي 2010/6/27 نظمت المؤسسات الاجتماعية والاقتصادية والسياسية اللبنانية والفلسطينية مسيرة تحت شعار "مسيرة الحقوق المدنية والاجتماعية والاقتصادية للاجئين الفلسطينيين في لبنان"، جابت شوارع بيروت حتى وصلت إلى مقر الأمم المتحدة في بيروت. وشارك فيها الآلاف من الفلسطينيين واللبنانيين. ووجهت المنظمات الاجتماعية والإنسانية والاقتصادية مذكرة للبرلمان والحكومة اللبنانية، طالبت بإعطاء الحقوق المدنية والاقتصادية والاجتماعية للفلسطينيين التي كفلتها المواثيق والأعراف الدولية[155].

وطالبت المذكرة البرلمان اللبناني بمعالجة الوجود الفلسطيني وتبني منح إعطاء الحقوق كاملة للاجئين، الحقوق الثقافية والتعليمية، ومعالجة الوضع الاقتصادي

للاجئين، كما طالبت بإلغاء مبدأ المعاملة بالمثل بشأن حق العمل للاجئين الفلسطينيين، وفقاً لما ورد في برتوكول الدار البيضاء 1965، وطالبت كذلك بإعفاء الفلسطينيين من شرط الحصول على إجازة العمل باعتبارهم مقيمين على الأراضي اللبنانية قسراً إلى حين عودتهم لديارهم وممتلكاتهم. كما طالبت باعتماد شمول الفلسطينيين بنظام الضمان الاجتماعي واستثنائهم من شرط المعاملة بالمثل، واعتماد حق التملك للاجئين الفلسطينيين في لبنان بتعديل الفقرة الثانية من المادة 1 من قانون رقم 296 الصادر بتاريخ 2001/1/4[156].

وبعد تعديل البرلمان اللبناني، في 2010/8/17، لقانون يتعلق بحق اللاجئين الفلسطينيين في لبنان بالعمل، رأت المؤسسات الأهلية العاملة في الوسط الفلسطيني والفصائل والاتحادات الشعبية الفلسطينية، خلال اجتماع عقد في بيروت بمشاركة سفير منظمة التحرير في لبنان عبد الله عبد الله، أن مشروع القانون الذي أقر في البرلمان اللبناني "جاء مجزوءاً، وغير شامل، وأنه قد قونن التمييز المضاعف ضدهم، ولم يستجب للحد الأدنى من حقوقهم الإنسانية والاجتماعية"[157].

وقال أمين سر الاتحاد العام لنقابات عمال فلسطين – فرع لبنان، صالح العدوي إن قوة العمل الفلسطينية في لبنان لا تتجاوز 60 ألف عامل وعاملة، بسبب قائمة المهن المحظورة التي لم تتغير كثيراً بفعل القرار النيابي الأخير. وأضاف أن نسبة البطالة بين الفلسطينيين مرتفعة ومرهونة بالمناخ السياسي السائد، بحيث تتراوح بين 35% و60%. ورأى أن القرار النيابي مجزوء، حيث لا يلبي الحد الأدنى من طموحات الطبقة العاملة الفلسطينية[158].

وأكدت منظمة ثابت لحق العودة أن ما جاء به القانون لا يلبي طموح اللاجئين الفلسطينيين في لبنان، وهي خطوة غير كافية، لافتة النظر إلى أنه لا علاقة بين الحق في التملك والتوطين كما يقول بعض الساسة اللبنانيين. ورحبت مؤسسة شاهد لحقوق الإنسان بالسماح للفلسطيني بالحصول على إجازة عمل في بعض القطاعات

والاستفادة من الضمان الاجتماعي لجهة نهاية الخدمة وأضرار العمل، ودعت إلى بذل المزيد من الجهد لإقرار باقي الحقوق. وفي تقييمها القانون، قالت مؤسسة شاهد إنه يكاد يلامس الحد الأدنى مما يطالب به الفلسطينيون في لبنان، وما يزال القانون يحمل مضامين تمييزية لجهة اعتبار الفلسطيني المقيم في لبنان منذ أكثر من 60 سنة أجنبياً، وينبغي الحصول على إجازة عمل تجدد كل فترة زمنية[159].

ومن جهته، استغرب غسان عبد الله، المدير العام للمنظمة الفلسطينية لحقوق الإنسان في لبنان (حقوق)، التقارير الإعلامية التي تحدثت عن موافقة البرلمان اللبناني على قانون يمنح اللاجئين الفلسطينيين حقوقاً مدنية أساسية، متسائلاً عن أية حقوق مدنية يتحدثون؟ فالبرلمان اللبناني لم يتطرق، لا من قريب ولا من بعيد إلى الحقوق المدنية للفلسطينيين في لبنان، وكل ما حصل أنه عدل قانوناً، وبشكل جزئي، يتعلق بالحقوق الاقتصادية، وهو حق العمل، مضيفاً بأن ما تحقق هو أمر "شكلي ولا يلامس جوهر معاناة الفلسطينيين في لبنان. فلبنان يهدف من وراء هذا التعديل القانوني إلى تلميع صورته أمام المجتمع الدولي، لأنه أمام استحقاقات تتعلق بحقوق الإنسان". إذ كانت الحكومة اللبنانية، تستعد لتقديم تقرير حول أوضاع حقوق الإنسان في لبنان إلى مجلس حقوق الإنسان التابع للأمم المتحدة في تشرين الثاني/ نوفمبر 2010[160].

وجاء في بيان صادر عن الائتلاف اللبناني – الفلسطيني لحملة حق العمل للاجئين الفلسطينيين في لبنان في 2010/8/19، حول القانون[161]:

1. أن النقاش ومشروع القانون الذي أقر في جلسة المجلس النيابي اللبناني المنعقد في 17 آب 2010 جاء مجزوءاً وغير شامل حيث إنه لم يشمل الحقوق الاجتماعية والإنسانية للاجئين الفلسطينيين في لبنان، كما لم يكن شاملاً في نقاشه لحق وقانون العمل. فقد تمحور مشروع القانون والنقاش حول تعديل مادة واحدة فقط من قانون العمل (هي المادة 59 من قانون العمل اللبناني) ومادة واحدة من قانون الضمان الاجتماعي (المادة 9).

2. أن التعديل الذي تم نشره حول المادة الـ 59 من قانون العمل اللبناني وبعدما جرى تعديله من قبل لجنة الإدارة والعدل نص على: "يتمتع الأُجراء الأجانب عند صرفهم من الخدمة بالحقوق التي يتمتع بها العمال اللبنانيون شرط المعاملة بالمثل، ويترتب عليهم الحصول من وزارة العمل على إجازة عمل. يستثنى حصراً الأُجراء الفلسطينيون اللاجئون المسجلون وفقاً للأصول في سجلات وزارة الداخلية والبلديات –مديرية الشؤون السياسية واللاجئين– من شرط المعاملة بالمثل ورسم إجازة العمل الصادرة عن وزارة العمل". إن هذا التعديل إنما يسمح للفلسطيني بمزاولة المهن باستثناء تلك المحصورة في المهن الحرة، كما يبقي القانون على شرط الحصول على إجازة عمل مع إلغاء الرسوم المستحقة لاستصدار إجازة عمل. وهذا ما يشبه إلى حد بعيد، (إذا ما تم استثناء رسوم إجازة العمل) ما تم تضمينه في مذكرتي وزيري العمل طراد حمادة (رقم 1/67 عام 2005) وبطرس حرب (رقم 1/10 عام 2010)، واللتين لم تعالجا مشكلة عمل الفلسطينيين في لبنان.

وتحت شعار "حقنا في العودة إلى ديارنا حق ثابت غير قابل للتصرف ولا يسقط بالتقادم"، عقد الائتلاف الفلسطيني العالمي لحق العودة لقاءه العاشر في بيروت خلال الفترة 5-2010/12/11، وأكد منسق مركز حقوق اللاجئين (عائدون) جابر سليمان، في كلمة باسم الائتلاف، على أن منح اللاجئين الفلسطينيين في لبنان حقوق الإنسان الأساسية، لا يتعارض مع حقهم في العودة.

كما أكد البيان الختامي للمؤتمر على ضرورة بذل المزيد من الجهود المنظمة لطرح المشاكل التي يواجهها اللاجئون الفلسطينيون في بعض الدول العربية المضيفة، وخاصة في لبنان، من أجل منحهم حماية مؤقتة فعالة تؤمن حقوقهم الأساسية تعزيزاً لصمودهم إلى حين عودتهم إلى ديارهم، مما يتطلب موقفاً عملياً يرفض التوطين، والتهجير، ويوفر سبل الحياة الكريمة للاجئين[162].

رابعاً: الموقف العربي والدولي من حقوق اللاجئين الفلسطينيين في لبنان

1. جامعة الدول العربية:

اتخذت الدول العربية في إطار جامعة الدول العربية سلسلة من القرارات الخاصة باللاجئين الفلسطينيين والقضية الفلسطينية عموماً. وتعكس هذه القرارات في مجموعها التوجه العام للدول العربية في تعاملها مع اللاجئين الفلسطينيين، وكيف تأثر ذلك بالتطورات السياسية السائدة في المنطقة كما تأثر بالأجندة السياسية المحلية لكل من الدول العربية المضيفة للاجئين. وعلى الرغم من أن هذه القرارات تعطي مؤشرات قوية على توجه الدول العربية في معاملتها للاجئين الفلسطينيين إلا أن علينا ملاحظة أمرين[163]:

الأول: أن التزام الدول العربية بهذه القرارات لم يكن بالدرجة نفسها، وإنما خضع في كثير من الأحيان لاعتبارات سياسية تقدرها الدول نفسها.

الثاني: أن معاملة اللاجئين الفلسطينيين في الدول المضيفة لا تنظمها قوانين وتشريعات واضحة صادرة عن السلطة التشريعية في هذه الدول، بل تنظمها في كثير من الحالات قرارات وأحكام إدارية غير مكتوبة في الغالب تصدرها أجهزة حكومية، هي أمنية في أكثر الأحيان.

إن اصطلاح "الدول العربية المضيفة للاجئين الفلسطينيين" يشمل رسمياً أربع دول هي: الأردن، وسورية، ولبنان، ومصر؛ وهي الدول التي تنشط فيها وكالة الأونروا، واستثنيت العراق من بين هذه الدول لعدم موافقة الحكومة العراقية للأونروا في حينه بالنشاط في أراضيها.

انشغلت الدول العربية المضيفة في السنوات الأولى بعد نكبة 1948 في معالجة مسائل إنسانية ملحة فرضها واقع الاقتلاع والتشتت الذي فرض على الشعب الفلسطيني. وانصبت القرارات المتخذة في إطار جامعة الدول العربية في سنوات

الخمسينيات من القرن العشرين على تقديم التسهيلات لضمان وصول العون والإغاثة من قبل الهيئات الدولية، وتسهيل جمع شمل العائلات المشتتة، وإصدار وثائق سفر موحدة للاجئين لمساعدتهم على السفر والانتقال.[164]

اتخذت الدول العربية في إطار جامعة الدول العربية سلسلة من القرارات الخاصة باللاجئين الفلسطينيين والقضية الفلسطينية عموماً. وأنشأت الجامعة العربية مؤتمر المشرفين على شؤون الفلسطينيين في الدول العربية المضيفة ويعقد اجتماعاته بصورة دورية سنوية. وبدأ أعماله في حزيران/ يونيو 1964، وكان أهم ما أنجزه على مستوى اللاجئين الفلسطينيين بروتوكول معاملة الفلسطينيين في الدول العربية، الذي أقره وزراء خارجية الدول العربية، في 1965/9/10، ونص على:[165]

1. مع الاحتفاظ بجنسيتهم الفلسطينية يكون للفلسطينيين المقيمين حالياً في أراضي............. الحق في العمل والاستخدام أسوة بالمواطنين.

2. يكون للفلسطينيين المقيمين حالياً في أراضي.................... ومتى اقتضت مصلحتهم ذلك، الحق في الخروج منها والعودة إليها.

3. يكون للفلسطينيين المقيمين في أراضي الدول العربية الأخرى الحق في الدخول إلى أراضي............. والخروج منها متى اقتضت مصلحتهم ذلك. ولا يترتب على حقهم في الدخول الحق في الإقامة إلا للمدة المرخص لهم بها وللغرض الذي دخلوا من أجله ما لم توافق السلطات المختصة على غير ذلك.

4. يمنح الفلسطينيون حالياً في أراضي............. كذلك من كانوا يقيمون فيها وسافروا إلى المهاجر متى رغبوا في ذلك وثائق صالحة لسفرهم، وعلى السلطات المختصة أينما وجدت صرف هذه الوثائق أو تجديدها بغير تأخير.

5. يعامل الحاصلون على هذه الوثيقة في أراضي دول الجامعة العربية معاملة رعايا دول الجامعة بشأن التأشيرات والإقامة*.

*ملاحظة: الكلمات المحذوفة في نص البروتوكول هي: "الدول العربية".

وصدر القرار بغالبية الأصوات، في حين تحفظت على القرار كلٌّ من الكويت وليبيا ولبنان، وبالتالي أصبح القرار غير ملزم لها حسب نظام الجامعة. فالكويت وليبيا تحفظتا على المادة الأولى، أما لبنان فقد قدم تحفظات قوضت عملياً المضامين الأساسية للبروتوكول.بمنح الحقوق المدنية الاقتصادية والاجتماعية للاجئين الفلسطينيين، ووقع لبنان على البروتوكول في 1966/8/3 مع التحفظات الآتية:

المادة الأولى: مع الاحتفاظ بجنسيتهم الفلسطينية، وبقدر ما تسمح به أحوال الجمهورية اللبنانية الاجتماعية والاقتصادية، يعطى الفلسطينيون المقيمون حالياً في أراضيها الحق في العمل والاستخدام أسوة بالمواطنين.

المادة الثانية: يضاف إليها "وذلك أسوة باللبنانيين وضمن نطاق القوانين والأنظمة المرعية الإجراء".

المادة الثالثة: يضاف بعد عبارة (متى اقتضت مصلحتهم ذلك) ويشترط لحق الدخول إلى الأراضي اللبنانية الحصول مسبقاً على سمة دخول من السلطات اللبنانية المختصة[166].

وهكذا حكم مواقف الدول العربية في تعاملها مع اللاجئين الفلسطينيين مبدآن أساسيان: الأول واجب الضيافة والأخوة العربية الذي فرض استقبال هؤلاء اللاجئين على نحو مؤقت ومساعدتهم وتسهيل وصول العون الدولي إليهم، والثاني رغبة هذه الدول على الصعيد الرسمي في إبقاء قضية اللاجئين حية، والمواظبة على تذكير الأسرة الدولية بضرورة تطبيق القرارات الدولية الخاصة بشأنها[167].

وفي 1969/11/3، اجتمع في القاهرة وفد لبناني، برئاسة عماد الجيش إميل البستاني، ووفد منظمة التحرير الفلسطينية، برئاسة ياسر عرفات رئيس منظمة التحرير الفلسطينية، برعاية من جامعة الدول العربية، واتفق الوفدان على أن يبقى هذا الاتفاق سرياً للغاية، وعلى إعادة تنظيم الوجود الفلسطيني في لبنان على أساس حق العمل والإقامة والتنقل، وإنشاء لجان محلية من فلسطينيين في المخيمات لرعاية مصالح

الفلسطينيين المقيمين فيها، وذلك بالتعاون مع السلطات المحلية، وضمن نطاق السيادة اللبنانية.[168]

وعلى الرغم مما تضمنه "اتفاق القاهرة" إلا أنه لم تصدر تشريعات لوضع الاتفاق موضع التنفيذ. وفي 1987/5/21 اتخذ البرلمان اللبناني قراراً بإلغاء "اتفاق القاهرة" من طرف واحد[169].

2. الموقف الدولي:

يبدو أن المجتمع الدولي لم يتعامل مع قضية اللاجئين الفلسطينيين إلا من خلال المساعدات المادية التي يقدمها إلى وكالة الأونروا، وعلى الرغم من تقصير السلطات اللبنانية في إعطاء اللاجئين الفلسطينيين الموجودين على أراضيها حقوقهم الاقتصادية والمدنية، انحسرت المناشدات في تحسين ظروف اللاجئين من خلال ما يصدر من تقارير عن وكالة الأونروا وبعض المنظمات الدولية المعنية بحقوق الإنسان كمنظمة العفو الدولية. وحيث لم ترق هذه المطالبات إلى الجدية المطلوبة بقي اللاجئون يعاملون كأجانب محرومين من أبسط الحقوق المدنية، من حيث العمل والملكية وفرضت قيود على حقهم في الإقامة.

بعد انتهاء المعارك المسلحة بين الجيش اللبناني ومسلحي تنظيم فتح الإسلام في مخيم نهر البارد شمال لبنان، أعرب الأمين العام للأمم المتحدة بان كي مون Ban Ki-moon، عن تخوفه من أن:

> يؤدي الوضع غير المستقر الذي تتسم به العلاقات الفلسطينية الداخلية، واستمرار الفقر والمعاناة في مخيمات اللاجئين الفلسطينيين، وظهور جماعات متشددة جديدة في هذا الإطار، إلى تجدد العنف في المخيمات وخارجها. ونظراً للتأثيرات الضارة الواضحة التي تخلّفها الظروف المعيشية في المخيمات على الحالة الأمنية العامة في لبنان، لا بد من إحراز تقدم ليس في اتجاه حّل الميليشيات الفلسطينية في لبنان ونزع سلاحها فحسب، بل

أيضاً في اتجاه تحسين الظروف التي يعيش في ظلها السكان اللاجئون، وذلك بدون المساس بتسوية قضية اللاجئين الفلسطينيين في إطار اتفاق سلام سيُعقد في نهاية المطاف بين الإسرائيليين والفلسطينيين [170].

وفي هذا السياق أكد تقرير صدر في بيروت عن وكالة الأونروا، أن جميع المخيمات الفلسطينية في لبنان تعاني من مشكلات خطيرة. ولفت التقرير النظر إلى أنه ليس هناك بنية تحتية ملائمة داخل هذه المخيمات، كما أنها تكتظ بالسكان. وأكد التقرير المعاناة الشديدة التي يعيشها اللاجئون الفلسطينيون في لبنان ومعاناتهم من الفقر والبطالة، مؤكداً أن في لبنان العدد الأكبر من لاجئي فلسطين الذين يعيشون في فقر مدقع، والمسجلون لدى الوكالة في برنامج حسب إحصاءات الشؤون الاجتماعية، هم تحت حالات العسر الشديد [171].

وأكد التقرير، أن اللاجئين الفلسطينيين في لبنان يعانون من مشكلات خاصة. فليس لديهم حقوق اجتماعية ومدنية، وليس في إمكانهم الاستفادة من المرافق الصحية والتعليمية العامة إلا بالقدر اليسير، ولا يمكنهم استخدام المرافق الاجتماعية العامة، وتعول الأغلبية على الأونروا بالكامل بوصفها المصدر الوحيد للتعليم والصحة والإغاثة والخدمات الاجتماعية. وأضاف أنه يحظر القانون على لاجئي فلسطين بوصفهم أجانب العمل في أكثر من 70 حرفة، وأدى ذلك إلى وجود نسبة عالية جداً من البطالة بين السكان اللاجئين. وأكد التقرير أن عدد حالات العسر الشديد وحالات الفقر المدقع والبطالة الشديدة في المخيمات الفلسطينية في لبنان، بلغ حداً خطيراً يتطلب التحرك العاجل للمنظمات الدولية المعنية في العالم [172].

وقالت المفوضة العامة لوكالة الأونروا كارين أبو زيد إن "أوضاع اللاجئين في كل من سورية والأردن لا تختلف عن أوضاع السكان في كل من البلدين"، ولم تتطرق أبو زيد في حديثها إلى تعامل السلطات اللبنانية مع اللاجئين الفلسطينيين، في إشارة إلى أن السلطات اللبنانية لا تعاملهم أسوة بالمواطنين اللبنانيين، وأشارت

إلى أن السلطات في كل من دمشق وعمان تبدي تعاونها مع العاملين في الأونروا من أجل تحسين الوضع المعيشي للسكان في المخيمات[173]. وخلال اجتماع الدول المانحة والمضيفة للاجئين الفلسطينيين الذي عقد في عمان في 2007/11/19، قالت أبو زيد إن المخيمات الفلسطينية في لبنان بحاجة إلى تحسين أوضاعها من أجل اللاجئين أنفسهم، ومن أجل المساعدة في استقرار وضع لبنان، مبينة أن اللاجئين في الأردن يعيشون في بيئة مستقرة بسبب استقرار الوضع السياسي[174].

ورحّبت منظمة العمل الدولية ووكالة الأونروا بالتعديلات التي أدخلها البرلمان اللبناني على قانوني العمل والضمان الاجتماعي والمتعلقة باللاجئين الفلسطينيين في لبنان، وجاء في بيان أصدرته المنظمتان في 2010/8/18، أن التعديلات تحمل نتائج إيجابية كثيرة لا سيّما إزالة العوائق التي تحول دون حصول الفلسطينيين المسجّلين على إجازة عمل. وأضاف البيان أن من أهم ما تضمنته التعديلات هو تمكن الفلسطينيين من الحصول على تعويضات نهاية الخدمة من خلال الصندوق اللبناني للضمان الاجتماعي الذي يساهم فيه عنهم أرباب العمل. وقالت منظمة العمل والأونروا إنهما تتطلعان إلى التطبيقات العملية لهذه الحقوق، و"أنّ هذه التعديلات، وإن كانت أساسية، يجب أن تتابع بخطوات إضافية لإخراج الفلسطينيين من دائرة الفقر". كما ناشدت المنظمتان المجتمع الدولي والسلطات اللبنانية الاستمرار في تقديم الدعم اللازم لمواجهة هذه التحديات المستمرة والسماح للفلسطينيين بالعيش والعمل بكرامة[175].

وقال مدير عام الأونروا في لبنان سالفاتوري لومباردو Salvatore Lombardo: "إن هذه التعديلات هي خطوة مهمة في الاتجاه الصحيح". وأشار إلى أن الزخم الايجابي الذي ولّده نقاش مجلس النواب اللبناني "لا يسعه إلا أن يعزز التزام الأونروا بخدمة اللاجئين في لبنان بأفضل ما أوتينا من إمكانات لمصلحة الفلسطينيين واللبنانيين على حد سواء"[176].

وعلى الرغم من إشادة منظمة العفو الدولية ببعض الإنجازات التي حققتها الحكومة اللبنانية خلال الأعوام 2005-2007 فيما يتعلق بتوفير بعض الحقوق للفلسطينيين وخصوصاً تلك المتعلقة بإدخال مواد البناء إلى بعض المخيمات والسماح بممارسة بعض المهن، إلا أنها أوضحت في تقرير لها أن تأثير هذه الايجابية بقي محدود جداً؛ مشيرة إلى أن جزءاً كبيراً من المعاملة القائمة على التمييز التي يواجهها الفلسطينيون تعود إلى كونهم عديمي الجنسية؛ ولافتة النظر إلى أن السلطات اللبنانية بدل التخفيف من وطأة هذا الأمر، عمدت إلى استخدام هذا الأمر لحرمانهم من المساواة ليس فقط مع الشعب اللبناني، بل أيضاً مع المقيمين الأجانب الآخرين في لبنان[177].

وفي موضوع الحق في البناء أو التملك، استغرب تقرير المنظمة بقاء مساحة الأراضي المخصصة للمخيمات الفلسطينية على حالها دون تغيير يذكر منذ النكبة، على الرغم من ازدياد عدد اللاجئين الفلسطينيين من نحو 100,000 سنة 1949 إلى أكثر من 400,000 سنة 2007. والحصيلة، اكتظاظ مزمن يتفاقم يومياً، وغرف ضيقة تضم الواحدة منها في بعض الحالات أكثر من 10 أشخاص[178]. وأشارت في تقرير نشرته في 2007/5/23 إلى أن القانون اللبناني يحظر على اللاجئين الفلسطينيين التملك، وترفض السلطات اللبنانية توسيع أو تجديد مخيمات اللاجئين[179].

وذكرت منظمة العفو الدولية أن اللاجئين الفلسطينيين المقيمين في لبنان ما زالوا يواجهون قيوداً واسعة النطاق تحد من إمكان حصولهم على السكن والعمل وتمتعهم بالحقوق في العمل. وأشارت إلى أن القانون اللبناني يحظر على اللاجئين الفلسطينيين التملك، كما ترفض السلطات اللبنانية توسيع أو تجديد مخيمات اللاجئين[180].

وانتقدت "لجنة الأمم المتحدة المعنية بحقوق الطفل" التمييز المتواصل الذي يواجهه الأطفال الفلسطينيون في لبنان، وأعربت عن القلق بشأن الظروف الاجتماعية والاقتصادية والمعيشية القاسية التي يعانيها الأطفال من اللاجئين الفلسطينيين في مخيمات اللاجئين، وبشأن القيود المفروضة على حصولهم على الخدمات العامة، بما في ذلك الخدمات الصحية والتعليم[181].

وعلى الرغم من المشاكل التي كانت تواجه اللاجئين الفلسطينيين في لبنان فيما يتعلق بحقوقهم المدنية، لم تنل هذه المعاناة حقها من الدول الغربية، والتي رأت أن قضية اللاجئين الفلسطينيين لا يمكن حلها إلا من خلال تسوية القضية الفلسطينية. وكانت مواقفها منحازة لـ"إسرائيل"، واقتراحاتها لحل مشكلة اللاجئين مستوحاة من المصالح الإسرائيلية، والحلول التي تُطرح هي حلول إسرائيلية تتبناها بالكامل الولايات المتحدة، ولا تعارضها الدول الأوروبية[182].

فالموقف الأمريكي من قضية اللاجئين الفلسطينيين مر بمراحل عدة، تماهى فيها، لدرجة كبيرة، مع الموقف الإسرائيلي، بما في ذلك موقفه من القرار 194، المتعلق بحق اللاجئين الفلسطينيين في العودة، والذي حظي وقت صدوره بموافقة الولايات المتحدة.

وإذا كانت الولايات المتحدة أبقت نظرياً على اعترافها بالقرار 194، فإنها قامت عملياً بالتراجع عن المطالبة بتطبيقه؛ ومع أنها كانت عضواً في لجنة التوفيق الثلاثية (بالإضافة إلى تركيا وفرنسا) المكلفة بالإشراف على تطبيق القرار، قامت بإعداد مشاريع التوطين[183].

وفي كانون أول/ ديسمبر 1993 اتخذت الولايات المتحدة في اجتماع الجمعية العامة للأمم المتحدة موقف الامتناع عن التصويت على القرار 194، وهو ما فسره المفكر الأمريكي نعوم تشومسكي Noam Chomsky بأنه موقف أمريكي جديد ضد القرار، ويرى تشومسكي أن ذلك الموقف بمثابة إلغاء للقرار بسبب الثقل السياسي للولايات المتحدة، وذلك يعني ضمناً إلغاء المادة 13 من الإعلان العالمي لحقوق الإنسان المتعلقة بحق الفرد بمغادرة أي بلد والعودة إليه. كما دعا مندوب الولايات المتحدة في جلسة الجمعية العامة ذاتها إلى "تقييد أو إنهاء نشاط الأمم المتحدة في ما يخص إسرائيل وفلسطين"، واعتبار قرارات الأمم المتحدة السابقة بهذا الشأن "لاغية ومنطوية على مفارقة تاريخية"، وأن "من غير المثمر مناقشة قانونية القضية[184].

يبدو أن الرؤية الأمريكية لحل مشكلة اللاجئين الفلسطينيين بشكل عام لم تتركز على حقهم في العودة إلى ديارهم؛ إنما تمحورت حول إيجاد حل لقضيتهم من خلال آليات أخرى لم تبتعد كثيراً عن الاقتراح بتوطينهم في البلدان التي لجأوا إليها أو تهجيرهم إلى بلدان أخرى إن صعُب توطينهم مع إمكانية التعويض.

وكانت الرؤية الأمريكية قد أعلنت بوضوح من خلال كتاب "الفلسطينيون من لاجئين إلى مواطنين"، عندما قام مجلس الشؤون الخارجية الأميركي، في أعقاب اتفاق أوسلو، بتشكيل مجموعة دراسة مهمتها دراسة الجوانب المعقدة من القضية الفلسطينية وتقديم التوصيات بشأنها؛ على اعتبار اتفاق أوسلو انطلاقة جديدة في اتجاه التسوية الشاملة. وأشرفت المحامية اليهودية الروسية الأمريكية الأستاذة في جامعة سيراكوز Syracuse University دونا أرتز Donna Artz على مجموعة الدراسة، وركزت اهتمامها على ما عدّتها أكثر القضايا تعقيداً وصعوبة في صراع الشرق الأوسط، وهي قضية اللاجئين الفلسطينيين.

عقدت مجموعة العمل خمسة اجتماعات ما بين تشرين الثاني/ نوفمبر 1993 وحزيران/ يونيو 1994. وكانت الحصيلة كتاباً بعنوان: "من لاجئين إلى مواطنين"، نشر من قبل مجلس الشؤون الخارجية الأمريكي سنة 1997. وتضمن هذا الكتاب الرؤية الأمريكية لحل قضية اللاجئين الفلسطينيين، والتي يمكن تلخيصها على النحو التالي[185]:

> إذا أردنا حلاً دائماً ومقبولاً للصراع العربي الإسرائيلي، فيجب أن يشمل هذا الحل منح الجنسية للاجئين الفلسطينيين في كل أنحاء الشرق الأوسط. ولن يتوقف هذا الصراع ما لم يحصل اللاجئون الفلسطينيون على الجنسية؛ لأن ذلك يعني أنهم لن يعودوا بعدها مجرد ورقة للمساومة في جدول أعمال كل من طرفي النزاع. ويجب أن يكون قبولاً متبادلاً بين الإسرائيليين والفلسطينيين. ولا يمكن أن يتحقق هذا القبول إلاّ إذا تغير وضع الفلسطيني وعقليته كلاجئ، ثم استيعابه ضمن خطة إقليمية دائمة تقوم على

أساس عودة عدد محدد من اللاجئين إلى إسرائيل والضفة الغربية وقطاع غزة، ودمج اللاجئين الفلسطينيين في المجتمعات السورية والأردنية واللبنانية التي يقيمون فيها، وإعادة توطين عائلات فلسطينية في بلدان أخرى من الشرق الأوسط وفي البلدان الغربية. كما يجب دفع التعويضات للفلسطينيين الذين لا يعودون إلى أرضهم عن الممتلكات التي خسروها هناك، ويجب السماح لهم، أيضاً، بأن يحملوا جنسية مزدوجة، هي الجنسية الفلسطينية وجنسية البلد الذي يقيمون فيه.

وفي السياق ذاته، اقترح الرئيس الأمريكي جورج بوش الابن .George W Bush، خلال زيارته للأراضي الفلسطينية المحتلة في 2008/1/10، وضع آلية دولية لتعويض اللاجئين الفلسطينيين[186].

إلا أن مساعد وزيرة الخارجية الأمريكية بالوكالة لشؤون السكان واللاجئين والهجرة صامويل ويتن Samuel Witten نفى وجود خطة تتبناها الولايات المتحدة لإنهاء مسألة اللاجئين الفلسطينيين من خلال توطينهم في دول عربية وأوروبية وأمريكا. وقال إن هذه المسألة يقررها الفلسطينيون والإسرائيليون أنفسهم من خلال المفاوضات[187].

ومن جهتها فتحت دول مثل بريطانيا والنرويج وبلجيكا وكندا في سنة 1996 أبوابها لاستقبال لاجئين فلسطينيين من لبنان، وكان الدافع الأساسي لذلك هو مساهمتها في إنجاح مساعي مفاوضات التسوية السلمية للقضية الفلسطينية. وصدرت خلال تلك الفترة تصريحات مباشرة من بيروت على لسان مسؤولين كنديين وأستراليين يعلنون بصراحة أن بلادهم مستعدة لاستقبال لاجئين فلسطينيين من لبنان مساهمة من هذه الدول في إنجاح مفاوضات السلام. وقامت وفود من هذه الدول بزيارات عديدة للمخيمات. وسرت شائعة داخل لبنان وخارجه، مفادها أن القروض المالية الدولية التي يحصل عليها لبنان منذ عام 1992 هي ثمن لتمرير مشاريع التوطين في لبنان، غير أن جهات لبنانية نفت ذلك[188].

65

كما أعلن رئيس الفدرالية السويسرية باسكال كوشبان من لبنان في 2008/10/30 أن توطين اللاجئين الفلسطينيين سيحصل، وقال: إن "حق عودة اللاجئين هو حق مشروع من جهة، لكن من الجهة العملية لا يمكن تصوّر حق عودة كثيف. نحن مدعوون إذاً لإيجاد حل يأخذ بالاعتبار هذه المسألة. فمن الضروري إذاً العمل معاً لإيجاد نوع من التوافق حول هذين الواقعين"[189].

وفي 2008/12/18 ذكرت جريدة لوفيجارو الفرنسية أن الرئيس الفرنسي نيكولا ساركوزي Nicolas Sarkozy طرح خطة سلام جديدة لمنطقة الشرق الأوسط، وأن فرنسا ترغب في حل مشكلة اللاجئين الفلسطينيين عن طريق "التسوية المالية" وتعويض ملايين اللاجئين عن طريق وكالة دولية بتكلفة تتراوح بين 80 إلى 200 مليار دولار تتحملها دول الخليج العربية والاتحاد الأوروبي. وتشمل الخطة أيضاً توطين عدد محدود من السكان الفلسطينيين في مناطق بصحراء النقب[190].

خاتمة

لم يكن لبنان البلد الوحيد الذي قصده اللاجئون الفلسطينيون إثر نكبة 1948، ولكنه كان البلد الأكثر الذي عانى فيه الفلسطينيون من عدم الحصول على الحقوق التي تمكنهم من تجاوز نكبتهم، أو التخفيف منها بغية الالتفات إلى القضية الأهم، وهي قضية عودتهم إلى أرضهم ووطنهم.

ربما لا تعاني الدول الأخرى التي لجأ إليها الفلسطينيون من التركيبة السكانية المعقدة الموجودة في لبنان، وهي تركيبة طائفية فرضت على أطرافها التعايش بالضرورة، بل وفرضت هذه التركيبة نفسها على التوجهات السياسية اللبنانية وطبيعة تحالفات كل طرف فيها. بالإضافة لذلك ربما شكلت مساحة لبنان الجغرافية، وقلة مواردها الاقتصادية، عاملاً آخر لعدم قبول الوجود الفلسطيني ضمن التركيبة اللبنانية.

لم تفلح السياسات العربية ولا حتى الدولية ولا البرتوكولات أو الاتفاقيات التي كانت تلحظ تنظيم التعامل مع اللاجئين والفلسطينيين منهم تحديداً، على الرغم من توقيع لبنان عليها، من أن تلزم لبنان بتغيير واقع التعامل مع الوجود الفلسطيني على أرضه وغالباً ما كان لبنان يذيل هذه الاتفاقيات بتحفظات أو ملاحظات تتماشى مع خصوصية واقعه السياسي.

وبحجة رفض التوطين المجمع عليه لبنانياً وحتى فلسطينياً ودعم حق العودة، بقي الفلسطيني منذ نكبته يكابد المعاناة في كل تفاصيل حياته اليومية في لبنان. وكأن الفلسطيني لا يعمل من أجل قضيته واسترداد حقه في أرضه إلا من بوابة البؤس والشقاء ووجع الحرمان.

لقد بات الوجود الفلسطيني في لبنان مادة للتجاذبات والمزايدات السياسية بين الأطراف اللبنانية ليس إلا. وعلى الرغم من نشاط جمعيات المجتمع المدني الفلسطينية منها واللبنانية، وتسليم العديد من الأطراف السياسية بضرورة تغيير أوضاع اللاجئين

الفلسطينيين عما هي عليه، فإن التشريعات والقوانين اللبنانية لم تخرج عن الإطار اللفظي لضرورة تحسين أوضاع الفلسطينيين ونيلهم الحقوق الكفيلة بتغيير واقعهم المعيشي، وكانت السلطات اللبنانية تحيل المسؤولية إلى المجتمع الدولي ووكالة الأونروا، تحت ذريعة التوطين والمخاوف من فرضه بموجب ضغوط حل الأزمات التي يعيشها لبنان، وتسهيل فرص التسوية السياسية في الشرق الأوسط.

إن الواقع الذي يعيشه الفلسطينيون في لبنان، بات يزيد من الضغوط الخارجية على لبنان نفسه، وجعلت السياسات اللبنانية من الوجود الفلسطيني، بقصد أو بغير قصد، ورقة للضغط السياسي بيد الآخرين، وجعلت لبنان تحت ضوء المنظمات الدولية بسبب الواقع المزري الذي يعيشه الفلسطيني داخل المخيمات.

إن رفض التوطين يمثل حالة إجماع بين الفلسطينيين واللبنانيين، ولا تستطيع أية قوة فرض التوطين عليهم، ما دام الطرفان المعنيان يرفضانه. ولذلك آن الأوان لعدم استخدام "فزاعة التوطين" لحرمان اللاجئين الفلسطينيين من حقوقهم الإنسانية الأساسية.

الهوامش

[1] اللاجئون الفلسطينيون في لبنان، موقع منظمة ثابت لحق العودة، انظر:
http://www.thabit-lb.org/default.asp?MenuID=40

[2] محسن صالح (محرر)، **أوضاع اللاجئين الفلسطينيين في لبنان** (بيروت: مركز الزيتونة للدراسات والاستشارات، 2008)، ص 21-22.

[3] موقع المركز الفلسطيني للتوثيق والمعلومات، انظر:
http://www.malaf.info/?page=show_details&Id=648&CatId=24&table=pa_documents

[4] موقع وكالة الأونروا، انظر: http://www.un.org/unrwa/arabic/Asked/UN_Benf.htm

[5] مفهوم اللجوء واللاجئين الفلسطينيين في القانون الدولي، موقع تجمع العودة (واجب)، انظر:
http://www.wajeb.org/index.php?option=com_content&task=view&id=707&Itemid=309

[6] موقع الأونروا، انظر: http://www.unrwa.org/atemplate.php?id=168

[7] باسم صبيح، اللاجئون الفلسطينيون غير المسجلين وعديمي "الهوية" في لبنان، موقع المركز الفلسطيني لمصادر حقوق المواطنة واللاجئين (بديل)، انظر: http://www.badil.org/en/documents/category/52-other-papers?download=842%3Apal-non-id-reg-in-lebanon؛ وانظر: Needs Assessment of Palestinian Refugees in Gatherings in Lebanon, The Danish Refugee Council (DRC),
http://www.drc.dk/about-drc/publications/reports/?eID=dam_frontend_push&docID=314

[8] صالح، مرجع سابق، ص 61-62.

[9] Needs Assessment of Palestinian Refugees in Gatherings in Lebanon, (DRC).

[10] صالح، مرجع سابق، ص 23.

[11] موقع الأونروا، انظر: http://www.unrwa.org/atemplate.php?id=168

[12] موقع الأونروا، الموارد، انظر: http://www.unrwa.org/atemplate.php?id=168

[13] صالح، مرجع سابق، ص 24.

[14] نجوى حساوي، **حقوق اللاجئين الفلسطينيين بين الشرعية الدولية والمفاوضات الفلسطينية – الإسرائيلية** (بيروت: مركز الزيتونة للدراسات والاستشارات، 2008)، ص 178-179.

[15] موقع الأونروا، ملف مخيمات لبنان، انظر: http://www.unrwa.org/atemplate.php?id=132

[16] حساوي، مرجع سابق، ص 19 و24.

[17] المرجع نفسه، ص 34-35.

[18] المرجع نفسه، ص 97-98.

[19] معاهدة 1951 للاجئين، موقع وكالة اللاجئين التابع للأمم المتحدة، انظر:
http://www.unhcr.org/protect/PROTECTION/3b66c2aa10.pdf

[20] حساوي، مرجع سابق، ص 101.

[21] المرجع نفسه، ص 116.

22 موقع اللجنة الدولية للصليب الأحمر، انظر:
http://www.cicr.org/Web/ara/siteara0.nsf/html/5NSLA8

23 حساوي، **مرجع سابق**، ص 195-196.

24 المرجع نفسه، ص 175.

25 المرجع نفسه، ص 196-197.

26 الإعلان العالمي لحقوق الإنسان، موقع الأمم المتحدة لحقوق الإنسان، انظر:
http://www.ohchr.org/EN/UDHR/Documents/UDHR_Translations/arz.pdf

27 نص قانون "العهد الدولي الخاص بالحقوق المدنية والسياسية"، موقع المفوضية السامية للأمم المتحدة لحقوق الإنسان، انظر: http://www2.ohchr.org/english/law/ccpr.htm

28 إعلان القاهرة حول حماية اللاجئين والمشردين في العالم العربي، موقع وكالة اللاجئين التابع للأمم المتحدة، انظر: http://www.unhcr.org/refworld/publisher,ARAB,,,452675944,0.html

29 حساوي، **مرجع سابق**، ص 205.

30 قرار مجلس الأمن رقم 194، موقع الأمم المتحدة للمعلومات عن فلسطين، انظر: http://unispal.
un.org/UNISPAL.NSF/0/C758572B78D1CD0085256BCF0077E51A

31 فيوليت داغر وآخرون، **اللاجئون الفلسطينيون في لبنان** (دمشق: اللجنة العربية لحقوق الإنسان، 2000)، ط 1، موقع اللجنة العربية لحقوق الإنسان، انظر: http://achr.eu/kt17.htm

32 حساوي، **مرجع سابق**، ص 209-213.

33 قرار مجلس الأمن رقم 194، موقع الأمم المتحدة للمعلومات عن فلسطين، انظر:
http://unispal.un.org/UNISPAL.NSF/0/C758572B78D1CD0085256BCF0077E51A

34 حساوي، **مرجع سابق**، ص 215-217.

35 ميثاق الأمم المتحدة، موقع الأمم المتحدة، انظر: http://www.un.org/ar/documents/charter

36 القرار رقم 2625، موقع الأمم المتحدة، انظر:
http://www.un.org/documents/ga/res/25/ares25.htm

37 حساوي، **مرجع سابق**، ص 231.

38 المرجع نفسه، ص 235.

39 القرار رقم 2649، موقع الأمم المتحدة، انظر:
http://www.un.org/documents/ga/res/25/ares25.htm

40 القرار رقم 3236، موقع الجمعية العامة للأمم المتحدة، انظر:
http://daccess-ods.un.org/TMP/8217952.html

41 حساوي، **مرجع سابق**، ص 235-237.

42 سعود المولى، الفلسطينيون في لبنان، موقع مركز القدس للدراسات السياسية، 2009/6/8، انظر:
http://www.alqudscenter.org/arabic/pages.php?local_type=128&local_
details=2&id1=757&menu_id=7&program_id=3&cat_id=2

43 المرجع نفسه.

44 المرجع نفسه.

45 سهيل الناطور، أوضاع عمل الفلسطينيين في لبنان، مركز بديل، انظر :

http://www.badil.org/en/haq-alawda/item/331-article20

46 بيان صادر عن الائتلاف اللبناني الفلسطيني لحملة حق العمل للاجئين الفلسطينيين في لبنان حول القانون الذي تم إقراره في جلسة المجلس النيابي اللبناني المنعقدة في 2010/8/17، والذي ناقش الحقوق الاجتماعية والإنسانية للاجئين الفلسطينيين في لبنان، 2010/8/19. متوفر نسخة عن البيان في مركز الزيتونة للدراسات والاستشارات.

47 الناطور، أوضاع عمل الفلسطينيين في لبنان.

48 موقع المؤسسة الفلسطينية لحقوق الإنسان (شاهد)، 2009/12/11، انظر :

http://www.pahrw.org/default.asp?contentID=279&menuID=37

49 الناطور، أوضاع عمل الفلسطينيين في لبنان.

50 المرجع نفسه.

51 المولى، مرجع سابق.

52 الناطور، أوضاع عمل الفلسطينيين في لبنان.

53 المولى، مرجع سابق.

54 الناطور، أوضاع عمل الفلسطينيين في لبنان.

55 المرجع نفسه.

56 المولى، مرجع سابق.

57 المرجع نفسه.

58 جريدة الأيام، رام الله، 2010/8/18.

59 جريدة الشرق الأوسط، لندن، 2010/8/8.

60 المرجع نفسه.

61 جريدة الحياة، لندن، 2010/8/19.

62 سليمان الدباغ وسهيل الناطور، "الوضع القانوني في الحياة المعيشية للاجئين الفلسطينيين في لبنان"، موقع أجراس العودة، 2007/7/24، انظر :

http://www.ajras.org/?page=show_details&Id=1590&CatId=7&table=articles

63 المرجع نفسه.

64 المرجع نفسه.

65 المرجع نفسه.

66 المرجع نفسه.

67 المولى، مرجع سابق.

68 قراءة في القانون اللبناني رقم 296 الذي يحرم الفلسطيني التملك من الناحية القانونية والإنسانية، مؤسسة شاهد، 2009/12/27، انظر : http://www.pahrw.org/study/law.pdf

69 الفلسطينيون في لبنان وقانون الملكية العقارية "عنصرية في زمن تلاشي العنصرية"، موقع الجمعية الفلسطينية لحقوق الإنسان (راصد)، انظر:

http://www.pal-monitor.org/Portal/modules.php?name=News&file=article&sid=59

70 المرجع نفسه.

71 المرجع نفسه.

72 المرجع نفسه.

73 قراءة في القانون اللبناني رقم 296، مؤسسة شاهد.

74 المرجع نفسه.

75 المرجع نفسه.

76 جريدة السفير، بيروت، 2005/4/12.

77 السفير، 2010/6/16.

78 موقع الجزيرة.نت، 2010/8/18، انظر:

http://www.aljazeera.net/NR/exeres/3F2DD112-B7DA-4282-AEE5-C6C44A218927.htm

79 المولى، مرجع سابق.

80 المرجع نفسه.

81 صلاح صلاح، اللاجئون الفلسطينيون في لبنان، سلسلة فلسطينيون في الشتات (دمشق: مركز الغد العربي للدراسات، 2008)، ص 20.

82 المولى، مرجع سابق.

83 الفلسطينيون في لبنان وقانون الملكية العقارية، جمعية راصد.

84 المولى، مرجع سابق.

85 صلاح، مرجع سابق، ص26.

86 المولى، مرجع سابق.

87 دلال ياسين وسهيل الناطور، الوضع القانوني للاجئين الفلسطينيين في لبنان وسبل التعايش معه، سلسلة "كتاب ملف" (2) (دمشق: المركز الفلسطيني للتوثيق والمعلومات – ملف، 2007)، ص 55-56.

88 المرجع نفسه، ص 56.

89 المرجع نفسه.

90 المرجع نفسه، ص 56-57.

91 المولى، مرجع سابق.

92 المركز الفلسطيني للتوثيق والمعلومات، 2007/6/19، انظر:

http://www.malaf.info/?page=show_details&Id=648&CatId=24&table=pa_documents

93 الفلسطينيون في لبنان وقانون الملكية العقارية، جمعية راصد.

94 وثائق، حديث صحافي لوزير الخارجية اللبناني (فارس بويز) يكشف فيه عن مشروع إقليمي – دولي لحل مشكلة اللاجئين الفلسطينيين [مقتطفات]، مجلة **الدراسات الفلسطينية**، بيروت، العدد 18، ربيع 1994، ص 293-294.

95 صلاح، مرجع سابق، ص 41 و 96-98.

96 موقع رئاسة الجمهورية اللبنانية، خطاب القسم لفخامة رئيس الجمهورية العماد ميشال سليمان، انظر :

http://www.presidency.gov.lb/President/Pages/Inaugural%20speech.aspx

97 موقع رئاسة مجلس الوزراء في الجمهورية اللبناني، البيان الوزاري للحكومة السبعون، حكومة دولة الرئيس فؤاد السنيورة، انظر :

http://www.pcm.gov.lb/Cultures/ar-LB/Menu/Pages/default.aspx

98 صلاح، مرجع سابق، ص 43.

99 الفلسطينيون في لبنان وقانون الملكية العقارية، جمعية راصد.

100 جريدة **المستقبل**، بيروت، 2006/3/30.

101 موقع العربية للصحافة، 2005/4/26، انظر :

http://www.al-arabeya.net/index.asp?serial=&f=3323695665

102 **المستقبل**، 2010/6/16.

103 موقع المجموعة اللبنانية للإعلام، قناة المنار، 2010/6/27، انظر :

http://www.almanar.com.lb/newsSite/NewsDetails.aspx?id=144017

104 المرجع نفسه.

105 **المستقبل**، 2010/7/8.

106 موقع حزب الكتائب اللبنانية، انظر : http://www.kataeb.org/pages.asp?pageid=3

107 دراسة حول أوضاع اللاجئين الفلسطينيين، اللجنة الوطنية الفلسطينية للتربية والثقافة والعلوم – منظمة التحرير الفلسطينية، انظر :

www.pncecs.org/ar/file/l/awda3%20lageen%20palaestinian.doc

108 **الحياة**، 2010/4/8.

109 جريدة **الأخبار**، بيروت، 2010/7/14.

110 حزب الكتائب اللبنانية، 2010/7/2، انظر :

http://lebanesekataeb.com/ArticleDetails.asp?articleId=34464&sectionid=5

111 موقع حزب القوات اللبنانية، انظر :

http://www.lebanese-forces.com/party/MoreNews.aspx?newsid=92730

112 **السفير**، 2010/8/18.

113 **الأخبار**، بيروت، 2010/8/18.

114 حزب القوات اللبنانية، انظر :

http://www.lebanese-forces.com/party/MoreNews.aspx?newsid=92730

[115] الشرق الأوسط، 2010/7/11.

[116] الحياة، 2010/6/23.

[117] المرجع نفسه.

[118] الشرق الأوسط، 2010/7/11.

[119] موقع التيار الوطني الحر، 2010/7/23، انظر:
http://www.tayyar.org/Tayyar/WebPage.aspx?NRMODE=Published&NRNODE
GUID=%7BF3C3D32D-0352-448B-A5F7-FBA31BD57B7C%7D&NRORIGIN
ALURL=%2FTayyar%2FArchivedNews%2FPoliticalNews%2Far-LB%2F2010-
%2F8%2F25%2Fgeneral-aoun-JA-129243941120606928&NRCACHEHINT=N
oModifyGuest

[120] موقع جمعية "الجهد المشترك" اللبنانية، 2010/8/25، انظر:
http://www.common-effort.org/ar/?p=286

[121] موقع أحرار الإخباري، انظر:
http://www.ahrar.org.lb/index.php?option=com_content&view=article&id=21580:-
q14q-&catid=3:2009-01-08-16-33-18&Itemid=11

[122] موقع لبنان الآن، 2010/6/16، انظر:
http://www.nowlebanon.com/Arabic/NewsArchiveDetails.aspx?ID=177859

[123] موقع نهار نت، 2010/6/16، انظر:
http://www.naharnet.com/domino/tn/ArabicNewsDesk.nsf/story/80729BC8BFD2
39F5C2257744005A763A?OpenDocument؛ وموقع صدى بيروت، 2010/6/21، انظر:
http://www.echobeirut.com/news.php?action=show&id=4814

[124] وكالة معاً الإخبارية، 2009/11/30، انظر:
http://www.maannews.net/arb/ViewDetails.aspx?ID=243328

[125] المستقبل، 2010/7/4.

[126] الحياة، 2010/7/10.

[127] موقع تيار المستقبل، الوثيقة السياسية، انظر:
http://www.almustaqbal.org/admin/PDF/politicsAR.pdf

[128] موقع الجماعة الإسلامية، الوثيقة السياسية، انظر:
http://www.al-jamaa.org/upload/Wathika_2462010.pdf

[129] السفير، 2005/4/12.

[130] الحياة، 2008/1/8.

[131] السفير، 2008/1/8.

[132] جريدة البلد، بيروت، 2009/12/8.

[133] جريدة الغد، عمان، 2010/7/17.

134 الجزيرة.نت، 2010/7/20، انظر:
http://www.aljazeera.net/NR/exeres/44BEED71-62C6-4CA9-9174-021894E04159.htm

135 جريدة القدس، القدس، 2010/6/28.

136 الشرق الأوسط، 2010/8/8.

137 المستقبل، 2005/10/9.

138 موقع المركز الفلسطيني للإعلام، 2005/10/11، انظر:
http://www.palestine-info.info/arabic/hamas/statements/other_stat/2005/11_10_05.htm

139 السفير، 2010/3/5.

140 جريدة الجريدة، الكويت، 2008/11/4.

141 المركز الفلسطيني للإعلام، 2010/7/17، انظر:
http://www.palestine-info.info/ar/default.aspx?xyz=U6Qq7k%2bcOd87MDI46
m9rUxJEpMO%2bi1s7hKaSKDRuyCTOaHuYprV5nBb9AAShLY8qeqAUcB
TEvs1zDyFC5YzCibxffZtJbUU3jpld68HzxKbBq2yH6vb9jxID8q4VZtrDpCx0-
AXcRG%2bk%3d

142 السفير، 2010/8/18.

143 الحياة، 2010/8/19.

144 الغد، 2010/8/19.

145 القدس، 2010/6/28.

146 موقع الحزب القومي السوري الاجتماعي، 2010/6/16، انظر:
http://ssnp.net/content/view/14887/156

147 المستقبل، 2010/12/1.

148 الحزب القومي السوري الاجتماعي، 2010/6/16، انظر:
http://ssnp.net/content/view/14887/156

149 الحياة، 2010/8/19.

150 جريدة النهار، بيروت، 2010/12/10.

151 المرجع نفسه.

152 الشرق الأوسط، 2010/6/17.

153 ساري حنفي، حقوق المدنية للفلسطينيين في لبنان: الحملة والحملة المضادة، جريدة حق العودة،
مركز بديل، العدد 40، انظر: http://www.badil.org/en/haq-alawda/item/1495-art04

154 تقرير مشترك لمنظمات غير حكومية مقدم إلى مكتب المفوض السامي لحقوق الإنسان بمناسبة
انعقاد الدورة التاسعة للمراجعة الدورية الشاملة 2010، تقرير انتقائي حول الحقوق المدنية
والاجتماعية والاقتصادية للاجئين الفلسطينيين في لبنان، موقع المنظمة الفلسطينية لحقوق
الإنسان (حقوق)، 2010/4/12، انظر:
http://www.palhumanrights.org/rep/ARB/UPR%20Booklet%20-%20ARB.pdf

155 القدس، 2010/6/28.

156 المرجع نفسه.

157 المستقبل، 3 /2010/9.

158 الغد، 2010/8/19.

159 الحياة، 2010/8/19.

160 موقع مؤسسة دويتشه فيله، بون (ألمانيا)، 2010/8/18، انظر:
http://www.dw-world.de/dw/article/0,,5923554,00.html

161 بيان صادر عن الائتلاف اللبناني الفلسطيني لحملة حق العمل للاجئين الفلسطينيين في لبنان حول القانون الذي تم إقراره في جلسة المجلس النيابي اللبناني المنعقدة في 2010/8/17.

162 مركز بديل، انظر: http://www.badil.org/ar/press-releases/136-2010/2810-press-ara-43

163 قرارات جامعة الدول العربية المتعلقة بالقضية الفلسطينية، موقع الهيئة الفلسطينية للاجئين، انظر:
http://www.pcrp.ps/details.php?type_id=9&id=107

164 المرجع نفسه.

165 إبراهيم العلي، "بروتوكول الدار البيضاء بين النظرية والتطبيق،" موقع واجب، انظر:
http://www.wajeb.org/index.php?option=com_content&task=view&id=4700&Itemid=97

166 ناصر اليافاوي، "اللاجئون الفلسطينيون صورة من مآسي القرنين ‐ دراسة تاريخية،" موقع دنيا الوطن، 2010/12/5، انظر:
http://pulpit.alwatanvoice.com/articles/2010/12/05/215513.html

167 قرارات جامعة الدول العربية المتعلقة بالقضية الفلسطينية، موقع الهيئة الفلسطينية للاجئين.

168 موقع لبنان الكيان، اتفاق القاهرة 1969، انظر:
http://www.loubnan-alkayan.org/loubnanalkayan/note/displaydocuments/display_
description.php?id=30

169 أمين شحاته، مسرد زمني لوجود اللاجئين الفلسطينيين في لبنان، الجزيرة.نت، 2004/10/3، انظر:
http://www.aljazeera.net/NR/exeres/D2A53A06-8258-4D26-A58F-6687B3629860.htm

170 موقع الأمم المتحدة، مجلس الأمن، تقارير الأمين العام، التقرير نصف السنوي السادس المقدم من الأمين العام بشأن تنفيذ قرار المجلس 1559 (2004)، انظر:
http://daccess-dds-ny.un.org/doc/UNDOC/GEN/N07/561/59/PDF/N0756159.
pdf?OpenElement

171 وكالة الأنباء والمعلومات الفلسطينية (وفا)، 2006/6/15، انظر:
http://www.wafa.ps/body.asp?id=90794

172 المرجع نفسه.

173 الحياة، 2006/3/22.

174 جريدة الدستور، عمّان، 2007/11/20.

175 بيان صحافي مشترك لمنظمة العمل الدولية ووكالة الأونروا، موقع منظمة العمل الدولية، المكتب الإقليمي للدول العربية – بيروت، انظر:

http://www.ilo.org/public/arabic/region/arpro/beirut/downloads/info/press/press_release_18082010.pdf

176 المرجع نفسه.

177 اللاجئون الفلسطينيون في لبنان: بين النفي والمعاناة، موقع منظمة العفو الدولية، انظر:

http://www.amnesty.org/ar/library/asset/MDE18/010/2007/ar/39e95cb0-d367-11dd-a329-2f46302a8cc6/mde180102007ar.html

178 المرجع نفسه.

179 تقرير منظمة العفو الدولية لعام 2007، حقوق الإنسان في الجمهورية اللبنانية، موقع منظمة العفو الدولية، انظر:

http://www.amnesty.org/ar/region/lebanon/report-2007

180 المرجع نفسه.

181 المرجع نفسه.

182 سلمان أبو ستة، "اللاجئون الفلسطينيون بين مشاريع التوطين والإصرار على العودة،" موقع هيئة أرض فلسطين، تشرين الثاني/ نوفمبر، انظر: http://www.plands.org/arabic/articles/031.html

183 أحمد أبو شاويش، "قضية اللاجئين بين حق العودة... ونفي الآخر،" وكالة سما الإخبارية، 2010/11/2، انظر:

http://www.samanews.com/index.php?act=Show&id=80328

184 المرجع نفسه.

185 أسمهان شريح: الموقف الأميركي من قضية اللاجئين الفلسطينيين، موقع المجموعة 194، 2005/12/22، انظر:

http://www.group194.net/index.php?mode=category&id=55&Archeive=true

186 جريدة الخليج، الشارقة، 2008/1/11.

187 الخليج، 2008/2/28.

188 رأفت مرّة، اللاجئون الفلسطينيون في لبنان: صراع إرادات ضد التخريب الأمني والتوطين والتهجير، مجلة العودة، لندن، العدد 14، السنة الثانية، تشرين الثاني/ نوفمبر 2008.

189 المرجع نفسه.

190 Le Figaro newspaper, Paris, 18/12/2010,
http://www.lefigaro.fr/international/2008/12/18/01003-20081218ARTFIG00007-le-plan-francais-pour-la-paix-au-proche-orient-.php

Printed in the United States
By Bookmasters